Werner Heinz

Der Aufstieg des Christentums

Der Aufstieg des Christentums

Geschichte und Archäologie einer Weltreligion

Von Werner Heinz

THEISS

Für Irene und Sabine

Reihe Theiss Archäologie & Geschichte

Bibliografische Information Der Deutschen Bibliothek
Die Deutsche Bibliothek verzeichnet diese Publikation in der Deutschen Nationalbibliografie; detaillierte bibliografische Daten sind im Internet über http://dnb.ddb.de abrufbar

Umschlaggestaltung: Finken & Bumiller, Stuttgart, unter Verwendung einer Aufnahme aus dem Bildarchiv Scala, Florenz (Katakombe der Priscilla in Rom, 2. Jh.). Katakomben waren Grablegen und Kultstätten der frühen Christen, im Gegensatz zu älteren Vorstellungen jedoch nie geheime Orte oder Verstecke.

Kartografie: Peter Palm, Berlin

Die Herausgabe des Werkes wurde durch die Vereinsmitglieder der WBG ermöglicht.
Lektorat: form & inhalt verlagsservice Martin H. Bredol, Seeheim-Jugenheim
Satz und Gestaltung: DOPPELPUNKT Auch & Grätzbach GbR, Leonberg
Druck und Bindung: Druckerei Uhl, Radolfzell
ISBN 3-8062-1934-6

Besuchen Sie uns im Internet: www.theiss.de

Inhalt

Vorwort

Theologische Themen können so kontrovers, so streitbar diskutiert werden, wie es kaum eine andere Wissenschaft zu bieten vermag. Die Bandbreite reicht von huldigender Frömmelei auf der einen bis zur schroffen Ablehnung christlichen Gedankengutes auf der anderen Seite. In diesem Buch wird angestrebt, weder die eine noch die andere Position zu beziehen. Das Werden urchristlicher Gemeinden, die Herausbildung frühen Mönchtums oder die weit gefächerte theologische Diskussion der Spätantike darzustellen verlangt weder Pietismus noch Kritiksucht, sondern eine wohlwollend begleitende Auseinandersetzung mit dieser Zeit radikaler Umbrüche. Dieses Buch entzieht sich dem Zugriff pastoraler Verkündigung; es sieht seine Aufgabe in der religionswissenschaftlichen und überkonfessionellen Darstellung der theologischen und historischen Vorgänge, die vor nahezu zweitausend Jahren unser Abendland zu formen begannen. Die Fülle der Impulse, die aus dem Orient kamen, wird weit stärker ins Zentrum der Betrachtungen rücken als das üblicherweise der Fall ist. So hat das Mönchtum, das in seiner auf Benedikt von Nursia zurückgehenden Form das gesamte europäische Mittelalter beherrschte, dort seine Wurzeln. Somit spannt sich der Bogen geografisch vom Orient bis nach Westeuropa, kulturgeschichtlich also von den Westsemiten bis zu den Alamannen, und zeitlich vom ersten Jahrhundert n. Chr. bis zum frühen Mittelalter hin.

Das Werden der ur- und frühchristlichen Welt und die Entwicklung bis zum frühen Mittelalter darzustellen ist das vornehmste Anliegen dieses Buches. Damit gewinnen die Ereignisse nach der Kreuzigung Jesu eine weit größere Bedeutung als das Geschehen zuvor. Dem Leser sei versichert: So schnell wird es keine vollständige Darstellung der Theologie und der Ereignisgeschichte des frühen Christentums geben können. Daher können auch hier nur bestimmte Beispiele wie die Eucharistie oder die Taufe beleuchtet werden, das aber in möglichst verschiedenen Zusammenhängen und stets mit Rückbezug auf das Alte und das Neue Testament.

Das Buch gliedert sich im Wesentlichen in zwei große Teile, deren erster die historisch-theologischen Zusammenhänge aufzeigen soll, während im zweiten, systematischen Teil die Einbeziehung materieller Zeugnisse eine sehr große Rolle spielt. Solche Verknüpfungen finden sich in der Literatur eher selten. Aus diesem Grund soll auch der archäologische Teil stärker betont werden.

An der Entstehung eines solchen Buches sind viel mehr fördernde und kritische Geister beteiligt, als es dem Schreibenden unmittelbar bewusst wird. Dankbar erinnere ich mich meiner theologischen Lehrer, die nicht nur handwerkliches Rüstzeug, sondern auch manche Fragestellung zu vermitteln wussten. Nicht minder wichtig sind viele Gespräche mit belesenen und höchst interessierten Reisenden an den Stätten des frühen Christentums. Bleiben auch diese Kollegen und Freunde ungenannt, so sei doch ein ganz besonderer Dank dem Verlag für die Aufnahme eines solchen Titels und Herrn Stefan Brückner für eine hervorragende Zusammenarbeit ausgesprochen. In diesen Dank möchte ich die ausgezeichnete Zusammenarbeit mit Herrn Martin Bredol einschließen. Die konzeptionelle Arbeit begleitete Dr. theol. Hans Biesenbach, was an dieser Stelle mit großer Dankbarkeit vermerkt sei. Mit etlichen sehr schönen Aufnahmen trug freundlicherweise Herr Siegmar Hinz, Erftstadt, zum Gelingen dieses Buches bei; dafür sei auch ihm herzlich gedankt.

Sindelfingen, im Mai 2005
Werner Heinz

Die Ausbreitung des Christentums bis zum Jahr 325
Mare Germanicum (Nordsee)
Mare Suebicum (Ostsee)
Eburacum (York)
BRITANNIA
Londinium (London)
Oceanus Atlanticus (Atlantischer Ozean)
Belgica
GERMANIA
Rhenus (Rhein)
CCAA (Köln)
Lutetia (Paris)
Augusta Treverorum (Trier)
Mogontiacum (Mainz)
Lugdunensis
Liger
(Loire)
Regina Castra (Regensburg)
Danuvius
Mare Cantabricum (Kantabrisches Meer)
GALLIA
Augusta Vindelicorum (Augsburg)
Vindobona (Wien)
(Donau)
Raetia
Noricum
VIENNENSIS
Lugdunum (Lyon)
PANNONIA
Aquitania
Vienna (Vienne)
Mediolanum (Mailand)
Aquileia (Aquileia)
Tolosa (Toulouse)
Arelate (Arles)
Ravenna (Ravenna)
Illyricum
Dacia
Chersonesus
Cherson
Pontus Euxinus (Schwarzes Meer)
HISPANIA
Iberus (Ebro)
Massilia (Marseille)
ITALIA
Serdica (Sofia)
THRACIA
Tagus (Tejo)
Toletum (Toledo)
Corsica
Roma (Rom)
Ostia (Ostia)
MOESIA
Philippi
Chalcedon (Kadiköy)
Sinope (Sinop)
Saguntum (Sagunto)
Macedonia
Constantinopolis (Istanbul)
Nicomedia (Izmit)
PONTUS
Armenia
Corduba (Córdoba)
Sardinia
Puteoli (Pozzuoli)
Neapolis (Neapel)
Thessalonice (Thessaloniki)
Nicaea (Iznik)
Galatia
Nova Carthago (Cartagena)
Mare Tyrrhenum (Tyrrhenisches Meer)
Epirus
Cappadocia
Athena (Athen)
Smyrna (Izmir)
Sardes
ASIA
Edessa (Urfa)
Mare Ionium (Ionisches Meer)
Mesopotamia
Hippo regius (Annaba)
Carthago (Karthago/Tunis)
Sicilia
Laodicea
Corinthus (Korinth)
Ephesus
Cilicia
Antiochia (Antakya)
Mauretania
Syracusa (Syracus)
Mare Aegeum (Ägäisches Meer)
Euphrates
(Euphrat)
Tigris
AFRICA
Hadrumetum (Sousse)
Tagaste (Souk-Ahras)
Thapsus
Creta
Tripolis (Tripolis)
Syria
Damascus (Damaskus)
Tyrus (Sur)
Mare Internum (Mittelmeer)
ORIENS
Caesarea
Palestina
Hierosolyma/ Aelia Capitolina (Jerusalem)
Leptis Magna
Ptolemais (Tolmetta)
Cyrenaica
Alexandreia (Alexandria)
Petra
Nilus
Arabia
Aegyptus
Memphis (Memphis)
Antinoopolis
(Nil)
Sinus Arabicus (Rotes Meer)
Ptolemais (Minshah)
Thebae (Theben)
0
200
400
600 km
Kerngebiete des Christentums (zahlreiche Gläubige und starker Einfluss in Kultur und Verwaltung)
Gebiete mit geringerem christlichen Einfluss
Grenze des Römischen Reiches zu Beginn des 4. Jahrhunderts

Das frühe Christentum und seine Umgebung

1

Wer waren jene Leute, die vor nunmehr nahezu zweitausend Jahren zur Zeit des Kaisers Augustus als Christen lebten und die ersten Gemeinden formten? Die Quellen, die davon berichten, sind wiederholt ab- und dabei umgeschrieben worden – manche ist sogar erfunden. Kann es heute überhaupt noch möglich sein, darin mehr als nur schemenhafte Konturen ur- und frühchristlichen Denkens und Wirkens auszumachen? Eine Antwort liegt bereits in der Existenz dieses Buches.

Wie nahezu immer im Bereich historischer Untersuchungen kommt es auch hier auf den Umgang mit den Quellen an. Es ist nach menschlichen Maßstäben verständlich, das Leben Mariens als der Mutter Jesu aus der schlichten Erwähnung im Neuen Testament herauszulösen und es mit Geschichten ihrer eigenen Geburt oder ihres Verlöbnisses zu unterlegen. Auch im theologischen Bereich ändert sich manche Vorstellung. So wird Maria bereits im zweiten Jahrhundert in Ägypten als „Gottesgebärerin" angesehen; der – wenn man so will – offizielle Titel dazu wird ihr erst auf dem Konzil von Ephesus im Jahre 431 verliehen. Das mahnt zur Vorsicht im Umgang mit der Überlieferung. Es heißt aber nicht, dass man mit allen Fragen auf verlorenem Posten stünde.

Die Quellen

Von Jesus selber gibt es keinerlei autografische Texte. Die Überlieferungen Dritter zu Person und Worten Jesu bedienen sich zudem des Griechischen, während Jesus Aramäisch sprach. Somit musste die Forschung dezidierte Kriterien zur Überprüfung der Echtheit alter Schriftquellen entwickeln. Diese Kriterien gelten natürlich auch bei der Anwendung auf außerbiblische Texte. So gewinnt der Inhalt einer Erzählung schon dann an Wahrscheinlichkeit, wenn er in zumindest zwei unabhängigen Quellen belegt ist. Um nur noch ein weiteres Kriterium zu nennen, sei an die historische Plausibilität erinnert. Stimmt der Inhalt mit dem Rahmen historischer Gegebenheiten überein?

Eine dieser Quellen, die ganz außerhalb der christlichen Überlieferung steht, findet sich bei dem altrömischen Historiker Tacitus. Der kam in seinen „Annalen", die er zu Anfang des 2. Jahrhunderts schrieb, auf den Brand Roms zu sprechen. Man merkt dem Text an, dass sein Verfasser den Christen nicht eben freundlich gesinnt ist. Andererseits kann er Neros Versuche, den Brand Roms den Christen anzulasten, nicht mittragen. Letztlich aber ist ihm wie auch anderen altrömischen Historikern eigentlich diese kleine Randgruppe im fernen Palästina ziemlich gleichgültig. Von daher hat der Autor keinen Grund, seine Darstellung zu schönen. Somit dürfen wir diesen Text auch zugleich als das bedeutendste außerchristliche Zeugnis für den gewaltsamen Tod Jesu Christi ansehen:

> *2 Aber weder durch menschliche Hilfeleistungen noch durch Schenkungen des Kaisers noch durch Sühneopfer für die Götter ließ sich dem üblen Gerücht ein Ende machen, dass der Brand auf Befehl gelegt worden sei. Um also dieses Gerede aus der Welt zu schaffen, schob Nero die Schuld auf andere und bestrafte sie mit ausgeklügelten Martern. Es handelte sich um die wegen ihrer Untaten verhassten Leute, die das Volk Christen zu nennen pflegte.*
> *3 Der Name geht auf Christus zurück, der unter der Herrschaft des Tiberius durch den Prokurator Pontius Pilatus hingerichtet worden war. Dadurch für den Augenblick unterdrückt, flammte der verhängnisvolle Aberglaube später wieder auf, nicht nur in Judäa, der Heimat dieses Übels, sondern auch überall in der Hauptstadt, wo alle schrecklichen und schändlichen religiösen Bräuche von überall her zusammen kommen und geübt werden.*
> *(Tacitus, Annalen 15, 44, 2–3)*

Ein schrecklicher Haufen, diese Christen – jedenfalls nach dem Urteil des Tacitus! Wie anders klingen die Worte, die in der „Schrift an Diognet" das Christentum verteidigen! Der unbekannte Verfasser richtet sich bewusst an eine heidnische Leserschaft. Man muss sich allerdings vor Augen halten, dass die bei Tacitus erwähnten Christen – die *Christiani* – zur Zeit der Abfassung dieser Schrift wohl irgendwann im dritten Jahrhundert noch immer Verfolgungen ausgesetzt waren. Hier ein ganz leicht gekürzter Ausschnitt aus der mitfühlenden Charakterisierung christlichen Lebens aus dieser Schrift:

> *5. 1 Denn die Christen unterscheiden sich nicht durch Land, Sprache oder Sitten von den übrigen Menschen. 2 Denn nirgendwo bewohnen sie eigene Städte, noch bedienen sie sich irgendeiner abweichenden Sprache, noch führen sie ein auffallendes Leben. 3 Gewiss ist nicht durch irgendeinen Einfall und Gedanken geschäftiger Menschen diese ihre Art von Wissenschaft von ihnen erfunden, noch vertreten sie eine menschliche Lehrmeinung, wie es manche tun. 4 Obwohl sie griechische und barbarische Städte bewohnen und die landesüblichen Sitten befolgen, legen sie doch eine anerkanntermaßen eigenartige Beschaffenheit ihrer Lebensführung an den Tag. 5 Sie bewohnen das eigene Vaterland, aber wie Beisassen. Sie nehmen an allem teil wie Bürger, und alles ertragen sie wie Fremde. 6 Sie heiraten wie alle, zeugen und gebären Kinder; aber sie setzen die Neugeborenen nicht aus. 7 Ihren Tisch bieten sie als gemeinsam an, nicht aber ihr Bett.*
> *8 Im Fleisch befinden sie sich, aber sie leben nicht nach dem Fleisch. 9 Auf Erden weilen sie, aber im Himmel sind sie Bürger. 10 Sie gehorchen den erlassenen Gesetzen, und mit der ihnen eigenen Lebensweise überbieten sie die Gesetze.*
> *11 Sie lieben alle – und werden doch von allen verfolgt. 12 Man weiß nichts von ihnen – und verurteilt sie doch. Sie werden getötet – und dennoch lebendig gemacht.*
> *13 Sie sind arm – und machen doch viele reich.*
> *6. 1 Um es aber kurz zu sagen: Genau das, was im Leib die Seele ist, das sind in der Welt die Christen. 2 Durch alle Glieder des Leibes hin ist die Seele verteilt, und die Christen sind es über die Städte der Welt. 3 Die Christen wohnen in der Welt, sie sind aber nicht von der Welt.*
>
> *(Schrift an Diognet, 5, 1–6, 3)*

Es ist eine hohe Leidensfähigkeit, die den Christen in dieser Quelle nachgesagt wird. Dazu gesellt sich eine gewisse Rechtlosigkeit, die etwa in dem Wort „Beisasse“ ausgedrückt wird. Denn ein Beisasse lebt zwar im Schutz einer Gemeinschaft, jedoch ohne Bürgerrechte. Angesichts solcher Schilderungen drängt sich die Frage auf, welche Voraussetzungen überhaupt gegeben sein mussten, damit das frühe Christentum überleben konnte.

Nächstenliebe und Gesetz

Eine Auszeichnung gegenüber der Umwelt erfuhr die damals noch kleine Welt des Urchristentums ganz sicher durch den betonten Gedanken der Nächstenliebe, wie er sich schon in der Geschichte des barmherzigen Samariters äußert (Lk 10, 30–37). Man mag einwenden, dass das Gebot der Nächstenliebe bereits im Alten Testament verankert sei (Lev 19, 18: Du sollst deinen Nächsten lieben wie dich selbst; aufgenommen bei Mt 19, 19). Doch es gibt bedeutsame Unterschiede.

Zum einen gilt die Aufforderung zur Nächstenliebe unterschiedslos allen Menschen. *Gott lasse seine Sonne aufgehen über den Bösen und den Guten, über den Gerechten und den Ungerechten* (Mt 5, 45); was – so der folgende Vers – könne man eigentlich erwarten, wenn man nur diejenigen Mitmenschen liebe, die einen selber lieben? Mit diesem allumfassenden Begriff der Nächstenliebe setzt sich der Meister – wie er oft genannt wurde – über die geltende Tradition hinweg. Man weiß, dass er sein eigenes Wort auch lebte und sich mit Kranken, Zöllnern oder Sündern abgab und dazu auch das Reinheitsgebot übertrat (Mk 5, 25–34). Die Nächstenliebe ist das höchste Gut in der Ethik Jesu. Sie gipfelt in der Aufforderung, auch die Feinde zu lieben (Mt 5, 44). In dieser radikalen Form gab es im Judentum dafür keine Entsprechung.

Zum anderen steht das Liebesgebot über dem Gesetz, den Sabbat nicht zu schänden. Der Nazarener heilt am Sabbat, wenn die Not es erfordert (Mk 3, 1–6). Und er sagt selbst: *Der Sabbat ist für den Menschen da, nicht der Mensch für den Sabbat* (Mk 2, 27).

Damit wird eine weitere Besonderheit des urchristlichen Gedankengutes sichtbar: eine deutlich weniger strenge Einstellung zum Gesetz als im umgebenden Judentum. Das hört sich komplizierter an als es ist, wenn man sich vor Augen hält, dass die urchristlichen Strömungen im Grunde nichts anderes bedeuteten als eine Sektiererei innerhalb des Judentums. Eine solche Aussage ist allerdings nicht Jedem genehm.

Zurück zum Gesetz. Es wird immer wieder deutlich, dass das alte mosaische Gesetz – die Tora – für Jesus wichtig, aber nicht allbestimmend war. Man sieht es schon an seiner Stellung zur Sabbathaltung. Der Meister redete auch „nicht wie die Schriftgelehrten“, sondern „wie einer, der Vollmacht hat“ (Mk 1, 22). Zur Tora äußerte sich der Nazarener nie grundsätzlich, sondern immer nur fallbezogen. Er gründete keine Schule, und er setzte sich, wenn nötig, über das

Gesetz hinweg. Der Mensch lebt nicht allein dem Gesetz, sondern das Gesetz muss sich dem höchsten Gut, der Nächstenliebe, beugen. – Alles das sind Vorstellungen, die einer orthodoxen Auslegung des Gesetzes entgegenstehen.

Mehr noch: Im fünften Kapitel des Matthäus-Evangeliums wird wiederholt deutlich, dass Jesus eine ganz andere Blickrichtung hat als seine Zeitgenossen. Wiederholt findet sich die Zitation des Gesetzes („Es ist gesagt worden"), der im nächsten Vers die krasse Ablehnung folgt: „Ich aber sage euch". Auch darin liegt nun eine Besonderheit der urchristlichen Theologie gegenüber der Umgebung: Man akzeptiert eine Autorität die nicht aus der Tora kommt, sondern eine göttliche Vollmacht (Mk 1, 22) bedeutet, verbunden mit dem Hinweis auf das anbrechende Gottesreich.

Damit wird auch die Wiederholung des Liebesgebotes im jüngsten der vier Evangelien verständlich: *Liebt einander, so wie ich euch geliebt habe* (Joh 15, 12). Dies ist ein „neues Gebot" (Joh 13, 34). Damit wird noch einmal in aller Deutlichkeit das Besondere im urchristlichen Gebot der Nächstenliebe betont. Zugleich aber wird in der Vergangenheitsform „geliebt habe" der Hinweis auf den Gekreuzigten gegeben, der die Menschen unter Hingabe seines Lebens geliebt hat. Es ist der Hinweis auf den Erlöser.

Erlösungsreligion

Die außerordentliche Bedeutung des Gebotes der Nächstenliebe hob das Urchristentum aus seiner Umgebung heraus. Der Erlösungsgedanke hingegen band das frühe Christentum fest in das Umfeld anderer Religionen ein. Der Wunsch nach Erlösung bedeutet – religionswissenschaftlich gesehen – nahezu immer den Wunsch nach Befreiung von Gefährdung und Beschwernis der menschlichen Existenz. Die in vielen Religionen verbreitete Bitte, von allem Bösen befreit zu werden, richtet sich an die göttliche Gnade, die allein die Rettung bringen kann. Das Christentum kennt dazu das Opfer des Mittlers Christus. In anderen Religionen gab es durchaus ähnliche Darstellungen.

So musste der altägyptische Totengott Osiris sterben und wieder auferstehen, um im Jenseits zum Richter der Toten zu werden. Der Mythos erzählt, Osiris sei von seinem Bruder Seth getö-

1 Viele Einflüsse prägten das werdende Christentum, so auch die Vorstellung vom Richter im Jenseits, den die Ägypter mit dem Totengott Osiris verbanden. Das Relief aus dem Tempel in Abydos zeigt Sethos I. (1304–1290 v. Chr.) vor Osiris.

tet worden. Isis habe den zerstückelten Osiris wieder zusammen gelesen, der dann als Auferstandener zum Geber des Begräbnisses wurde. Zahlreiche Zeugnisse, die vor allem aus der Zeit des Neuen Reiches auf uns gekommen sind, weisen die Verehrung gegenüber dem Totengott Osiris aus. Die komplexe Geschichte um Osiris wurde früh in Mysterienspielen dargestellt. Deren Tradition lief ungebrochen bis in die griechische Zeit Ägyptens durch. In dem ptolemäischen Tempel von Edfu – um nur ein Beispiel zu nennen – sind diese Spiele in Reliefs auf der Umfassungsmauer dargestellt. Nun gibt es auch in dem ptolemäischen Tempel von Philae bei Assuan eine Osiris-Halle. Unmittelbar daneben gruben später die Christen ihre Kreuze ein – die Verbindungen liegen auf der Hand! Wir werden darauf am Schluss des Buches noch einmal zurückkommen.

2 70 n. Chr. nahmen die Römer Jerusalem ein. Mit diesem Sieg, gefeiert mit dem Titusbogen in Rom, verschwand auch die Bedeutung der Essener.

Erlösungsreligionen gab es nach der Formation des Urchristentums reichlich. Erinnert sei nur an eine der gnostischen Strömungen, die von Mani (216–277) begründete Weltreligion des Manichäismus, der sich ja auch Aurelius Augustinus zunächst angeschlossen hatte.

Naherwartung

Die urchristliche Gemeinde erwartete die Wiederkehr ihres Meisters – an sich nichts Ungewöhnliches, sprechen doch auch zum Beispiel die Qumran-Texte vom Kommen der Messiasse (es sind mehrere). Unmittelbar nach der Himmelfahrt Jesu werden die zum Himmel schauenden „Männer von Galiläa“ belehrt, dass dieser Jesus in den Himmel aufgenommen worden sei und wiederkommen werde, wie man ihn habe auffahren sehen (Apg 1, 11). Zur Erfüllung der Heilsgeschichte erwartete man die Wiederkehr bald; Paulus hoffte, sie noch zu erleben (1 Kor 15, 52). In diesem Punkte musste die urchristliche Gemeinde sich korrigieren. Denn die ersehnte Ankunft des Herrschers (in der Fachsprache die *Parusie* genannt) fand nicht statt.

Eine Erklärung dafür könnte in einem Vers des Markus-Evangeliums zu finden sein, wo es heißt, dass vor dem Ende allen Völkern das Evangelium verkündet werden müsse (Mk 13, 10). Doch im Weiteren löste sich die urchristliche Gemeinde von der Vorstellung einer direkten *Parusie*, und mehr und mehr rückte das Oster-Geschehen als Beginn einer neuen Schöpfung, als Anbruch der letzten Zeit, an die Stelle der direkten Wiederkehr Jesu. Die Toten werden auferstehen (1 Thess 4, 15–17) – töricht zu fragen, wie der Leib aussehen werde (1 Kor 15, 35–39). Johannes schließlich löst sich in seinem Evangelium von der Naherwartung, indem er den Glauben ins Zentrum rückt: Der Glaubende hat das ewige Leben, und die Toten, welche die Stimme des Gottessohnes hören werden, werden leben (Joh 5, 24–25).

Die Urchristen und die Essener

Diese wenigen Beispiele zeigen Kraftakte, mit denen sich das Urchristentum gegen seine unmittelbare Umwelt durchsetzen musste. Die ersten Christen als Teil der jüdischen Gemeinschaft, die freilich auch nicht nur einer einzigen Lehre anhing, sind wieder und wieder mit den Essenern verglichen worden, einer jüdischen Sekte, die seit den Funden von Qumran mit der dortigen Gemeinde identifiziert wird. In der Tat gibt es einige Übereinstimmungen zwischen den Essenern und den frühen Christen. So bestand die Leitung der essenischen Gemeinde aus zwölf Brüdern, zu denen noch drei Priester kamen. Die urchristliche Gemeinde stand unter der Führung der zwölf Apostel. In der Tat war es ein Zwölfer-Gremium, das mit dieser symbolhaften Zahl die zwölf Stämme Israels repräsentierte. Nachdem Judas aus dem Leben geschieden war, musste für das Gremium eine Person nachgewählt werden: Das Los fiel auf Matthias (Apg 1, 15–26). Auch beim Geld gibt es Übereinstimmungen. Den antiken Beschreibungen zufolge kannten die Essener weder Gold noch Silber; vielmehr hatten sie eine gemeinsame Kasse. Gleiches berichtet die Apostelgeschichte auch von der christlichen Urgemeinde:

> *34 Es gab auch keinen unter ihnen, der Not litt. Denn alle, die Grundstücke und Häuser besaßen, verkauften ihren Besitz, brachten den Erlös (35) und legten ihn den Aposteln zu Füßen. Jedem wurde davon so viel zugeteilt, wie er nötig hatte.*
>
> *(Apg 4, 34–35)*

So gibt es durchaus Vergleichbares zwischen den Essenern und den Urchristen. Auch zeitlich gesehen gab es Überschneidungen: Als die Römer 70 n. Chr. den Tempel von Jerusalem zerstörten und etliche Beute nach Rom brachten, endete die essenische Gemeinschaft. Zu diesem Zeitpunkt hatte die urchristliche Gemeinschaft bereits etwa zwei Jahrzehnte der Entfaltung hinter sich. Im Bereich grundsätzlicher theologischer Überlegungen – etwa der messianischen Frage – lagen Welten zwischen diesen beiden jüdischen Randgruppen. Von daher geben manche Forscher zu Bedenken, ob man wirklich eine direkte Beziehung zwischen den Christen und den Essenern konstruieren dürfe. Und ganz sicher wird es sehr problematisch, Johannes den Täufer oder Jesus selbst als Essener erweisen zu wollen.

Die Beispiele zeigen, wie stark die urchristliche Bewegung bei aller ihr eigenen Besonderheit und aller theologischen Neuausrichtung, doch in die umgebende Welt eingebunden war.

Wie bei den Essenern sind auch in anderen Punkten noch viele Fragen offen. Haben die frühen Christen die Taufe übernommen? Die Frage ist nicht leicht zu beantworten, da neben der äußeren Form der rituellen Reinigung, die im Judentum regelmäßig gepflegt wurde, das Problem der inhaltlichen Bewertung der Taufe auftritt. Das wird unten im Zusammenhang mit der Architektur noch einmal bedeutsam sein (s. Kap. 9).

3 Wie in etlichen zeitgenössischen Religionen spielte auch im frühen Christentum die Zwölfzahl eine sehr wichtige Rolle, wie dieser Altar in Avignon (5. oder 6. Jh.) mit den zwölf Tauben als Symbol für die Apostel zeigt.

Hier nur so viel: Getauft wurden viele, die sich zum Christentum bekehrten, darunter in jedem Falle alle diejenigen, die vor ihrer Konversion nicht zu den Juden zählten, sondern aus dem Bereich der so genannten Heidenmission kamen. – Eingebunden in die Welt des Judentums war auch die urchristliche Mahlfeier.

Die Eucharistie …

Die alten Quellen zeigen es: Die frühen Christen hatten keine eigenen Städte, keine eigene Sprache. Sie sonderten sich nicht ab. Es verwundert daher nicht, dass auch manche Riten, manche Gebete in einer Tradition stehen, die durch das Judentum geprägt war. Die Eucharistie, also die mit dem Dankgebet verbundene Mahlfeier, zeigt bestens solche Übernahme aus vorhandenen Quellen. Wie sich die eucharistische Feier entwickelt hat, wird uns später noch beschäftigen (s. Kap. 9). Sie wird als Sättigungsmahl in einer Kirchgenordnung des frühen 2. Jahrhunderts, der *„Didache“*, beschrieben. Sie entspricht in dieser Form noch nicht dem heutigen Verständnis der Eucharistie.

Denn ursprünglich war die Eucharistie, so wie in der *„Didache“* beschrieben, nichts anderes als ein jüdisches Mahl mit Brotbrechen, Wein und Gebeten, die durch den christologischen Bezug gegenüber dem jüdischen Vorbild erweitert wurden. Dazu eine kleine Gegenüberstellung von zwei Segensformeln. Der Segen für den Wein lautete in der jüdischen Form:

> *Gepriesen seist du, Herr, unser Gott,*
> *du König der Welt, der du schaffst die*
> *Frucht des Weinstocks.*

Dem fügten die Christen den Hinweis auf die Offenbarung durch Jesus an:

Wir danken dir, unser Vater,
für den heiligen Weinstock Davids,
deines Knechtes,
den du uns offenbart hast durch Jesus,
deinen Knecht.

Diese ursprüngliche Eucharistiefeier war zunächst nicht in einen liturgischen Rahmen eingebunden; es gab nicht einmal Kultbeamte für den Vollzug. Diese Dinge gesellten sich erst im späteren zweiten Jahrhundert hinzu, als die Eucharistie in der Tradition des Herrenmahles verstanden wurde (s. Kap. 9).

5 Bei der Taufkirche von Riva San Vitale (spätes 5. Jh.) im Tessin erwuchs das Oktogon aus einem quadratischen Bau.

4 Der Mailänder Bischof Ambrosius, Lehrer des Kirchenvaters Augustinus, verknüpfte die Taufe mit der Achtzahl. Im Mailänder Baptisterium unter dem Dom wurde dieser Gedanke Wirklichkeit.

… und der Sonntag

Eine große Besonderheit wurde aber dem Ablauf der Feier von Anfang an zuteil: Sie fand an einem Sonntag statt. Nun war der Sonntag einerseits der achte Tag der Woche, andererseits aus christlicher Sicht der Tag der Auferstehung Christi. Der achte Tag war ein Tag der Freude, wie der kämpferische Schriftsteller Tertullian († gegen 240) in seiner *„Apologie“* (16, 11) notiert. Noch früher – wohl um 131 n. Chr. – entstand der Barnabasbrief, dessen Verfasser man allerdings nicht kennt. In diesem Brief findet sich die vermutlich früheste Verknüpfung der Zahl Acht mit der Auferstehung Christi und der damit verbundenen Seligkeit und Freude:

8 Ferner sagt er ihnen: Eure Neumonde und Sabbate ertrage ich nicht. Seht, wie er es meint: Nicht die jetzigen Sabbate sind mir angenehm, sondern der, den ich gemacht habe, an dem ich das All zur Ruhe bringen und den Anfang eines achten Tages machen werde, das heißt den Anfang einer anderen Welt. 9 Deshalb begehen wir auch den achten Tag uns zur Freude, an dem auch Jesus von den Toten auferstanden und, nachdem er erschienen war, in den Himmel aufgestiegen ist.

(Barnabasbrief, Kap. 15, 8–9)

Wir fassen mit diesem Gedanken den Beginn einer noch heute weitgehend unbekannten Überlieferung, die in der Bibel nur spärlich begründet ist – acht Personen werden von der Sintflut gerettet (1 Petrus 3, 20); acht ist die Zahl der Seligpreisungen (Mt 5, 3–10). Diese Überlieferung führt uns nun aber geraden Weges zu den großen Theologen der Spätantike, nämlich Ambrosius und Augustinus. Der Mailänder Bischof Ambrosius (339–397), der Lehrer von

Augustinus, verbindet mit der Taufe – der Teilhabe an der Auferstehung Christi – die Achtzahl (das wird später im Kap. 10 mit Beispielen belegt werden), wie eine Inschrift vom Mailänder Baptisterium San Giovanni zeigt. Hier die ersten Verse:

Mit acht Nischen erhebt sich der
Tempel zu heiligem Brauch.
Oktogonal ist der Brunnen gefasst,
würdig der (heiligen) Gabe.
In der (heiligen) Achtzahl musste das
Haus der heiligen Taufe entstehen

Das Neue Testament gibt bereits einen Hinweis zur Verknüpfung der Achtzahl mit der Taufe:

20 Damals, als Noah die Arche baute: Nur wenige sind vor der Wasserflut in sie hinein gerettet worden, ganze acht Seelen. 21 Ihr Gegenbild ist die Taufe: Sie rettet euch heute.
(1 Petr 3, 20–21)

Auch der große Kirchenvater Augustinus verbindet die Achtzahl mit der Seligkeit, wie er im „Gottesstaat" (22, 30, 5) schreibt. Der siebte Tag – „unser Sabbat" – werde nicht durch den Abend beendet werden, sondern durch den herrschaftlichen Tag, den achten Tag ewiger Dauer, geheiligt durch die Auferstehung Christi, ein Ende ohne Ende. Dieser Gedanke findet sich bei dem ersten bedeutenden Theologen des frühen Mittelalters wieder: Es ist Beda Venerabilis (um 672–735), der in seinem Genesis-Kommentar (Buch 4, 21) den achten Tag – es sei der Tag nach dem Sabbat – der Auferstehung des Herrn zuweist; zugleich sei dies der Tag des jüngsten Gerichtes, und so sei es nur folgerichtig, dass auch die Beschneidung am achten Tag stattfinde.

6 Der Erzengel Michael als Seelenwäger (Arles, Kathedrale) als Beispiel der Übernahme altorientalischer Vorstellungen in das Christentum.

Die Welt des Orients

Viel weiter aber als die Verbindungen zum Judentum reicht die Einbindung in die weite Welt orientalischer Vorstellungen. Die ur- und frühchristliche Bewegung schöpfte daraus. In diesem Kapitel war schon von dem altägyptischen Gott Osiris die Rede, der als vom Tod Auferstandener den Menschen Erlösung bot. Und ganz genau so, wie man sich später im Christentum das Jüngste Gericht mit der Seelenwägung durch den Erzengel Michael vorstellte, gab es im altägyptischen Totenglauben auch eine Seelenwägung. Der Gott Anubis führt den Toten in die Halle des Gerichts vor Osiris. Dort wägt er die Seele gegen die Wahrheit, verkörpert durch die Feder der Göttin Maat. Der Schreibergott Thot protokolliert das Ergebnis. Ein schreckliches Ungeheuer wartet, um die als ungerecht befundene Seele zu verschlingen. Aus dieser Schilderung müssen wir uns nur die Namen wegdenken, um die christlichen Bilder des Jüngsten Gerichtes und der Seelenwägung durch Michael vor Augen zu haben!

Ein anderes Beispiel aus Ägypten: Der herrliche oberägyptische Luxor-Tempel ist wohl allen Reisenden in diesem Land bekannt. An einigen der sehr flach gehaltenen Reliefs geht man zumindest tagsüber achtlos vorüber, weil man sie praktisch nicht erkennt. Es sind Zeichnungen in einem Seitenraum des Allerheiligsten, der Geburtshalle. Erzählt wird der Mythos der Geburt des Königs Amenophis III. (ca. 1402–1364 v. Chr.). Man sieht die Liebesgöttin Hathor die Königsmutter umarmend, dann den obersten Gott Amun mit dem Schreiber- und Botengott Thot im Gespräch und sodann mit der Königsmutter auf einem Bett sitzend. Dann verleiht Thot der Königsmutter die Würde für das göttliche Kind, und man sieht die Geburt des Kindes unter dem Beistand der göttlichen Geburtshelfer. Hathor übergibt das Neugeborene dem Vater Amun. – Diese knappe Aufzählung der wichtigsten Szenen des Geschehens führt zu dem Gott der Götter, der eine irdische Frau, eine Königin, als Mutter für sein göttliches Kind, den neuen König – nach altägyptischem Verständnis sowohl Gott als auch Mensch – wählt. Er sendet einen Boten (Engel) zur Ankündigung auf die Erde. Das Kind wird göttlich geschaffen und nach der Geburt dem Vatergott vorgestellt.

7 Die ägyptische Göttin Isis, die den jungen Horus säugt, diente als Vorbild für viele Darstellungen der stillenden Maria (*Maria lactans*). Relief aus dem Tempelkomplex in Dendera (Ägypten).

Das alles wird manchem Leser bekannt vorkommen: Es ist nichts anderes als die ziemlich direkte Vorlage der Weihnachtsgeschichte des Neuen Testaments! In vergleichbarer Weise, doch zu viel späterer Zeit, hat man im Christentum auch das Bild der stillenden Isis – der ägyptischen Muttergottheit schlechthin – übernommen und auf das Bild der stillenden Maria übertragen. Dieser Zusammenhang wird weiter unten noch einmal beleuchtet werden (s. Kap. 6).

Zurück nach Europa

Der Isis-Kult war von Ägypten aus nach Mitteleuropa vorgedrungen. Mit der Übernahme und der Umwandlung einzelner Elemente dieses Kultes entfernen wir uns räumlich und zeitlich vom alten Orient. Das ist gut so, denn auch hier mussten sich nun die frühen Christen mit ihrer Umgebung auseinandersetzen. Das mag an zwei kleinen Beispielen dargestellt sein.

Im Vorgriff auf die Überlegungen zu den Mönchsregeln (s. Kap. 7) muss man für einen Augenblick den gesellschaftlichen Hintergrund bedenken, vor dem diese Regelwerke entstanden. In Italien lebte beim Übergang von der Spätantike zum frühen Mittelalter die altrömische Sozialstruktur nach. Da gab es jene mehr oder weniger vornehme Gesellschaft, die zwar den eigenen Geschäften, nicht aber einer körperlichen Arbeit nachging. Dafür hatte man schließlich Sklaven. In diese hochgestellte Umgebung platzt ein Mann wie Benedikt von Nursia hinein, der in seiner das Abendland so nachhaltig beeinflussenden Mönchs-Regel die körperliche Arbeit gleichbedeutend neben die Arbeit im Kultus stellt! Für uns heute ist seine Kernforderung, nämlich sowohl das Gebet zu pflegen als auch der Arbeit nachzugehen, so selbstverständlich geworden, dass wir gar nicht mehr darüber nachdenken. Man muss sich allerdings vor Augen halten, dass Benedikts Forderung zu ihrer Zeit provokant wirken musste.

Vergil oder Cicero?

Die frühchristliche Auseinandersetzung mit der Umgebung war, wie gerade gesehen, nicht auf den Orient beschränkt. Erstaunlich genug: Auch nachdem das Christentum zur Staatsreligion erhoben worden war (381), gab es immer wieder Überlegungen, wie man mit dem geistig Ererbten umgehen könne. Ein Beispiel, das sich mit der Bildung beschäftigt, führt uns in das fränkische Land.

Ein gut dokumentierter Briefwechsel zwischen dem merowingischen Hof – hier ist vor allem der Umkreis von Chlotar II. (584–629/30) und Dagobert I. (629/30–639) gemeint – und dem Klerus, zeigt das Fortleben der antiken lateinischen Sprache. Beamte und Bischöfe bedienen sich eines weitgehend korrekten Lateins und zitieren auch schon einmal heidnische Dichter wie Vergil. Einer dieser Briefautoren war Desiderius von Cahors (630–655). Über ihn ist die Nachwelt vor allem deshalb gut unterrichtet, weil er die eingehende wie auch die von ihm verfasste Korrespondenz sammelte. Desiderius – zunächst Schatzmeister am merowingischen Hof und dann Verwalter der Stadt Marseille – kam erst in späteren Lebensjahren zu seinem geistlichen Amt als Bischof von Cahors. Aus der Hinterlassenschaft des Desiderius kann man erschließen, dass der Umgang mit der lateinischen Sprache am merowingischen Königshof gepflegt wurde, also nicht nur beim Klerus. Gleiches gilt für seinen bischöflichen Kollegen Audoinus von Rouen († 684), der noch als Kind mit dem Missionar Columban († 615) zusammentraf und als erwachsener Mann zunächst ein hohes Amt am Hof Dagoberts († 639) innehatte, bevor er sein Bischofsamt antrat.

In Rouen lebt das Andenken an Audoin (franz.: St. Ouen) ohne Unterbrechung fort: Nach seiner Beisetzung in einer Abtei, die knapp außerhalb der mittelalterlichen Stadt lag, nahm die Kirche das Patrozinium dieses Erzbischofs an. Es ist die heutige gotische Kirche Saint-Ouen in Rouen, die mit ihren imposanten 137 Metern Länge sogar die Kathedrale des Ortes ein wenig überragt.

Doch die Kenntnis antiker Autoren barg nach dem Verständnis der Zeit auch Gefahren. Schließlich waren Vergil oder Cicero heidnische Autoren, auf die man sich eigentlich nicht berufen sollte, um nicht dem Gottesurteil der ewigen Verdammnis anheim zu fallen. Somit ergab sich im Laufe des 5. und 6. Jahrhunderts eine allmähliche Umkehr des vorherigen Bildungsideals. Aus der Kontinuität klassischer Bildung wurde Unterordnung gegenüber den christlichen Werten. Das öffentliche Schulwesen kam zum Erliegen, und die Ausbildung des klerikalen Nachwuchses oblag den Priestern.

Doch die klassische lateinische Kultur wurde nicht vollständig ins Abseits geschoben. Gregor von Tours († wohl 594) zitierte grammatische Überlegungen des älteren Plinius (der kam bei dem Vesuv-Ausbruch des Jahres 79 n. Chr. ums Leben), beklagte den Verfall der Wissenschaften in den Städten Galliens. Zugleich warnte er vor den heidnischen und somit gottesfeindlichen Schriften – zu denen man Plinius nach seiner Diktion zählen muss.

8 Die Kathedrale von Cahors – hier ein Blick auf die Südpforte von 1119 – entstand auf den Grundmauern der alten Bischofskirche des 6. Jahrhunderts, in der Bischof Desiderius wirkte.

So kamen ganz verschiedene Impulse zusammen, die ihre Ursprünge in den romanischen und germanischen Sprachen, in der klassisch-lateinischen Bildungstradition und der Durchsetzungsfähigkeit des frühen Christentums hatten. Es war eine Zeit des Umbruchs. Dieser Vorgang, sehr eng verbunden mit dem Haus der Merowinger, prägte das werdende Mittelalter.

Diese Betrachtungen über das frühe Christentum in seiner Umgebung haben weit vom Ursprung der christlichen Bewegung weggeführt. Um den Aufstieg des Christentums besser würdigen zu können, sollte man sich neben jenen Impulsen, die vom Meister aus Nazareth ausgingen, auch den Gedanken und Tätigkeiten der unmittelbaren Nachfolger, der Apostel, widmen. Unter ihnen ragt Paulus hervor.

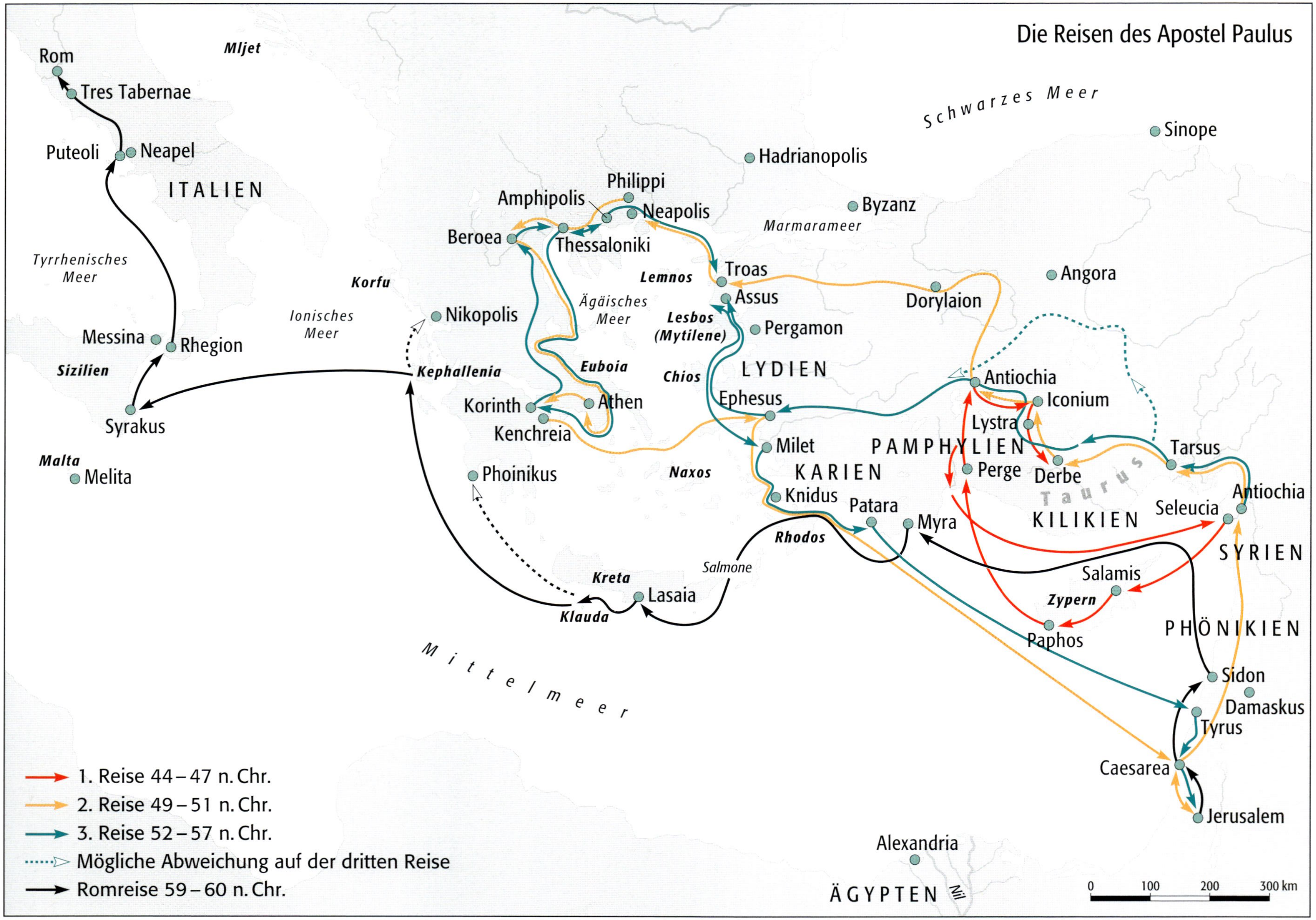
Die Reisen des Apostel Paulus
Rom
Tres Tabernae
Puteoli
Neapel
ITALIEN
Mljet
Tyrrhenisches Meer
Messina
Rhegion
Sizilien
Syrakus
Malta
Melita
Ionisches Meer
Korfu
Nikopolis
Kephallenia
Beroea
Amphipolis
Philippi
Neapolis
Thessaloniki
Ägäisches Meer
Euboia
Korinth
Athen
Kenchreia
Phoinikus
Lemnos
Lesbos (Mytilene)
Chios
Naxos
Troas
Assus
Pergamon
LYDIEN
Ephesus
Milet
KARIEN
Knidus
Rhodos
Patara
Myra
Salmone
Kreta
Lasaia
Klauda
Mittelmeer
Hadrianopolis
Byzanz
Marmarameer
Schwarzes Meer
Sinope
Angora
Dorylaion
Antiochia
Iconium
Lystra
PAMPHYLIEN
Perge
Derbe
Taurus
Tarsus
KILIKIEN
Seleucia
Antiochia
SYRIEN
Salamis
Zypern
Paphos
PHÖNIKIEN
Sidon
Damaskus
Tyrus
Caesarea
Jerusalem
Alexandria
ÄGYPTEN
Nil
1. Reise 44 – 47 n. Chr.
2. Reise 49 – 51 n. Chr.
3. Reise 52 – 57 n. Chr.
Mögliche Abweichung auf der dritten Reise
Romreise 59 – 60 n. Chr.
0
100
200
300 km

Die Mission des Paulus und seine Reisen 2

Er war einer der größten Apostel der urchristlichen Gemeinde – obwohl er von Haus aus kein Apostel war – und einer der bedeutendsten Verkünder des christlichen Glaubens – obwohl er zunächst als jüdischer Pharisäer die Christen verfolgen ließ. Und er war einer der frühesten Theologen der urchristlichen Gemeinde – was ihm handfesten Streit mit seinen Mitarbeitern einbrachte (Gal 2, 11–14). Mit der paulinischen Rechtfertigungslehre (Gal 2, 16) erhielt die urchristliche Gemeinde das vermutlich wichtigste Instrument, um den neuen Glauben in alle Welt hinaus zu tragen – gesprochen von einem Mann, der Jesus nicht einmal persönlich gekannt hatte. Es sind viele Widersprüche, die sich in der Persönlichkeit des Paulus vereinigen, und es sind manche Legenden, die schon bald das Bild des Missionars verzerrten. Der Aufstieg des Christentums zu einer Weltreligion wäre ohne Paulus als dem unmittelbarsten Zeugen des Neuen Testaments kaum vorstellbar. Angesichts dieser Wirkungsgeschichte ist es umso erstaunlicher, dass wir von seiner Biografie nur sehr wenig wissen, und auch dieses Wenige ist noch umstritten.

Ein Kapitel Schriftkunde

Die wichtigsten Quellen für den historischen Paulus sind seine Briefe. Nun sind von den vierzehn Schriftstücken, die unter dem Namen Paulus abgelegt sind, nur sieben nachweislich von ihm verfasst. Als authentisch gelten der Römerbrief, beide Korintherbriefe, der Galaterbrief, der Philipperbrief, der erste der Thessalonicherbriefe und der Philemonbrief. Solche zunächst befremdlich erscheinenden Beobachtungen werden verständlich, wenn man sich für einen Au-

9 Das römische Theater von Ephesos war nach der Apostelgeschichte (Kap. 19) Schauplatz einiger Ereignisse um Paulus.

genblick mit den Ergebnissen jahrzehntelanger textkritischer Forschungen zu den biblischen Schriften konfrontiert. Sie erwiesen einen längeren Prozess der Entstehung des biblischen Kanons. Der Kanon ist die Messschnur, die Regel, und jene Schriften, die für das Neue Testament als „kanonisch" klassifiziert wurden, unterlagen ihrerseits wiederum redaktioneller Überarbeitung. Die Paulus-Briefe gehören zu den frühesten Zeugnissen des Neuen Testaments, auch jene Briefe, die nicht von seiner Hand, sondern von Mitstreitern stammen. Erst deutlich nach Paulus' Tod entstand das älteste der vier Evangelien: das Markus-Evangelium (wenig nach 70 n. Chr.).

Noch später – etwa zwischen 80 und 90 n. Chr. – verfasste Lukas, der Autor des dritten Evangeliums, die Geschichte der „Taten der Apostel". Dieses Buch widmet sich in weiten Teilen dem missionarischen Wirken von Paulus. Ohne Frage hatte Lukas gute Quellen zur Verfügung; doch wir wissen nicht, welche. Die paulinischen Briefe hat er anscheinend nicht herangezogen, obwohl diese in den betroffenen Gemeinden abgeschrieben und ausgetauscht wurden und somit eine hohe Wertschätzung genossen. Doch feine Unstimmigkeiten zwischen den Briefen und der Apostelgeschichte zeigen, dass Lukas wohl ein eigenes theologisches Interesse bei der Abfassung der Apostelgeschichte verfolgte. Und wenn Paulus in der Apostelgeschichte selber zu Wort kommt, werden seine Aussagen in den paulinischen Briefen oftmals nicht unterstützt. Widersprüche finden sich auch bei der Frage, ob er nun römischer Staatsbürger war oder nicht.

Saulus – Paulus

Paulus stammte aus Kilikien (im südöstlichen Anatolien) aus der Stadt Tarsus, einer Stadt an der Handelsstraße zwischen Kleinasien und Syrien. Er entstammte einer jüdischen Familie, die in der Diaspora lebte. Da er selber Zeltmacher war (Apg 18, 3), darf man diesen Beruf auch für seinen Vater voraussetzen. Geboren am Anfang des 1. Jh. n. Chr., wuchs er in einer streng jüdischen Familie auf, die dem Stamm Benjamin zugehörte. Offensichtlich war er des Aramäischen und des Griechischen mächtig.

Paulus sagt von sich selber: *Ich bin ein Jude aus Tarsus in Kilikien, Bürger einer nicht unbedeutenden Stadt* (Apg 21, 39). Danach mag man annehmen, dass er das römische Bürgerrecht besaß. Deutlicher äußert sich Paulus an anderer Stelle dazu: er sei römischer Bürger (Apg 16, 37), und dann nochmals, er habe das römische Bürgerrecht von seinem Vater ererbt:

> *26 Als der Hauptmann das hörte, ging er zum Obersten, meldete es und sagte: Was hast du vor? Der Mann ist ein Römer. 27 Der Oberst kam zu Paulus und fragte ihn: Sag mir, bist du ein Römer? Er antwortete: Ja. 28 Da antwortete der Oberst: Ich habe für dieses Bürgerrecht ein Vermögen gezahlt. Paulus sagte: Ich bin sogar als Römer geboren. 29 Sofort ließen die, die ihn verhören sollten, von ihm ab. Und der Oberst erschrak, als er erfuhr, dass es ein Römer war, den er hatte fesseln lassen.*
>
> *(Apg 22, 26–29)*

Diese Hinweise wie auch seine Appellation an den römischen Kaiser als Richter (Apg 26, 32) sprechen dafür, dass Paulus das römische Bürgerrecht hatte. Doch daran wurden Zweifel laut. Denn nur des Apostels eigene Worte geben Hinweis darauf; es scheint keine unabhängige Quelle zur Bestätigung zu geben. Eine Textüberlieferung spricht gar von der „Behauptung" des Paulus, römischer Bürger zu sein. Selbst die Appellation an den Kaiser ist kein zwingendes Argument für die römische Staatsbürgerschaft: Der Kaiser wird in der Provinz durch den Statthalter vertreten, und wenn der meint, der Fall sei zu schwierig oder zu brisant, kann er den Gefangenen nach Rom schicken. – Man sieht: es lässt sich trefflich streiten!

Von Haus aus war Paulus ein strenggläubiger Jude. Er war mit dem Gesetz – im ersten Kapitel sprachen wir davon – so gut vertraut, dass ihm von daher eigentlich nur die eine Möglichkeit blieb: Er musste Andersgläubige, auch die Christen, verfolgen. Nach seiner Bekehrung schrieb er:

> *11 Ich erkläre euch, Brüder: Das Evangelium, das ich verkündigt habe, stammt nicht von Menschen; 12 ich habe es ja nicht von einem Menschen übernommen oder gelernt, sondern durch die Offenbarung Jesu Christi empfangen. 13 Ihr habt doch gehört, wie ich früher als gesetzestreuer Jude gelebt habe, und wisst, wie maßlos ich die Kirche Gottes verfolgte und zu vernichten suchte. 14 In Treue zum jüdischen Gesetz übertraf ich die meisten Altersgenossen in meinem Volk und mit dem größten Eifer setzte ich mich für die Überlieferung meiner Väter ein. 15 Als aber Gott, der mich schon im Mutterleib auserwählt und durch seine Gnade berufen hat, mir in seiner Güte 16 seinen Sohn offenbarte, damit ich ihn unter den Heiden verkündige, da zog ich keinen Menschen zu Rate.*
>
> *(Gal 1, 11–16)*

10 Die Kirche S. Pudenziana in Rom entstand im 4. Jahrhundert. Das Apsismosaik zeigt den lehrenden Christus zwischen den Aposteln. Die Frauengestalten hinter Petrus und Paulus symbolisieren die judenchristliche und die heidenchristliche Kirche.

Dieser Text enthält sehr viele Informationen. Paulus – eigentlich ja zunächst Saulus – war vor seiner Bekehrung gesetzestreuer Pharisäer. Mit Vollmachten ausgestattet zog er nach Damaskus, um dort ebenfalls gegen die Christen anzugehen. Auf dem Weg dorthin wurde er durch die Erscheinung Christi bekehrt. Es war ein kurzes Ereignis mit einem unglaublichen Nachhall, das den Juden Saulus zum überzeugten Konvertiten Paulus werden ließ, der die neue Religion nicht nur unter den Juden, sondern sogar bei den Heiden bekannt machen wollte. Was war geschehen?

Die Vision von Damaskus

Paulus erlebte auf dem Weg nach Damaskus eine Vision Christi, der ihm in gleißendem Licht erschien. Drei Tage war Paulus blind, wie ja auch der antike „Seher“ als Verkünder der Zukunft grundsätzlich als Blinder gedacht wurde. Drei Tage verbrachte Jonas im Bauch des Meeresungeheuers und drei Tage hing Christus am Kreuz. – Die Ereignisse um Saulus/ Paulus finden sich in der Apostelgeschichte des Lukas:

1 Saulus wütete immer noch mit Drohung und
Mord gegen die Jünger des Herrn. Er ging zum
Hohenpriester 2 und erbat sich von ihm Briefe
an die Synagogen in Damaskus, um die An-
hänger des (neuen) Weges, Männer und Frauen,
die er dort finde, zu fesseln und nach Jerusalem
zu bringen. 3 Unterwegs aber, als er sich bereits
Damaskus näherte, geschah es, dass ihn
plötzlich ein Licht vom Himmel umstrahlte.
4 Er stürzte zu Boden und hörte, wie eine
Stimme zu ihm sagte: Saul, Saul, warum ver-
folgst du mich? 5 Er antwortete: Wer bist du,
Herr? Dieser sagte: Ich bin Jesus, den du
verfolgst. 6 Steh auf und geh in die Stadt:
dort wird dir gesagt werden, was du tun sollst.
7 Seine Begleiter standen sprachlos da; sie
hörten zwar die Stimme, sahen aber niemand.
8 Saulus erhob sich vom Boden. Als er aber die
Augen öffnete, sah er nichts. Sie nahmen ihn
bei der Hand und führten ihn nach Damaskus
hinein. 9 Und er war drei Tage blind und er
aß nicht und trank nicht.
10 In Damaskus lebte ein Jünger namens
Hananias. Zu ihm sagte der Herr in einer
Vision: Hananias! Er antwortete: Hier bin ich,
Herr.

11 Der Herr sagte zu ihm: Steh auf und geh zur so genannten Geraden Straße und frag im Haus des Judas nach einem Mann namens Saulus aus Tarsus. Er betet gerade 12 und hat in einer Vision gesehen, wie ein Mann namens Hananias hereinkommt und ihm die Hände auflegt, damit er wieder sieht. 13 Hananias antwortete: Herr, ich habe von vielen gehört, wie viel Böses dieser Mann deinen Heiligen in Jerusalem angetan hat. 14 Auch hier hat er Vollmacht von den Hohenpriestern, alle zu verhaften, die deinen Namen anrufen. 15 Der Herr aber sprach zu ihm: Geh nur! Dieser Mann ist mein auserwähltes Werkzeug: Er soll meinen Namen vor Völker und Könige und die Söhne Israels tragen. 16 Ich werde ihm auch zeigen, wie viel er für meinen Namen leiden muss. 17 Da ging Hananias hin und trat in das Haus ein; er legte Saulus die Hände auf und sagte: Bruder Saul, der Herr hat mich gesandt, Jesus, der dir auf dem Weg hierher erschienen ist; du sollst wieder sehen und mit dem Heiligen Geist erfüllt werden. Sofort fiel es wie Schuppen von seinen Augen und er sah wieder; er stand auf und ließ sich taufen. 19 Und nachdem er etwas gegessen hatte, kam er wieder zu Kräften.

(Apg 9, 1–20)

Die hier geschilderte Begebenheit ist der Augenblick jener entscheidenden Weichenstellung, die aus dem radikalen Verfolger den radikalen Verfechter des Christentums machte. Paulus äußerte sich zu seinem früheren Leben als Feind der Christen ohne Schuldgefühle, denn er lebte dem Gesetz. Als Bekehrter hat er die Gnade erfahren, aus dem Glauben zur Gottesgerechtigkeit zu gelangen. Das steht über dem Gesetz. Mit dieser ausführlich geschilderten Bekehrung des Paulus wurde der theologische Ansatz der Rechtfertigungslehre überhaupt erst möglich. Als eines der ganz wichtigen neuen Elemente der urchristlichen Gemeinde und des frühen Christentums neben dem Gedanken der Nächstenliebe (s. Kap. 1) ermöglichte die Rechtfertigungslehre letztlich auch die Heidenmission und damit die Verbreitung des Christentums in alle Welt. Sie ist im Galaterbrief in einem Vers ausgedrückt:

Weil wir aber erkannt haben, dass der Mensch nicht durch Werke des Gesetzes gerecht wird, sondern durch den Glauben an Jesus Christus, sind wir auch dazu gekommen, an Christus Jesus zu glauben, damit wir gerecht werden durch den Glauben an Christus und nicht durch die Werke des Gesetzes.

(Gal 2, 16)

Für Paulus bedeutete der Glaube die bedingungslose Hingabe. Der urchristlichen Gemeinde gab die neue Lehre des Paulus die Chance, sich aus der jüdischen Umgebung zu lösen und einem eigenen Glauben zu leben, der sich freilich weder dem Judentum noch den umgebenden heidnischen Vorstellungen entziehen musste. Im Gegenteil: Die spätere Mission konnte auf alle zugehen. Die theologischen Voraussetzungen dafür hatte Paulus geschaffen (vgl. auch: Phil 3, 9). Somit liegt in diesem kurzen Ereignis der Bekehrung vor Damaskus zugleich auch eine historische Wende. Paulus nahm den visionären Auftrag an – man mag darin die eigentliche geschichtliche Leistung dieses Mannes sehen. Die kunstgeschichtliche Überlieferung etwa des hohen Mittelalters rückte als Würdigung dieser Bedeutung gern Petrus *und* Paulus zu Christus ins Zentrum.

Zurück nach Damaskus. Ein Ort der Ereignisse (wenn er es denn ist) wird gern gezeigt. Es ist die ganz schlichte Hananias-Kapelle ganz nahe der Stadtmauer im Südosten der Altstadt. Stufen führen zwei Stockwerke in den Untergrund. Dieser Ort gilt als eine der ältesten christlichen Gebetsstätten überhaupt. Hier soll die Aufforderung Gottes an Hananias ergangen sein, den blinden, bekehrten Paulus in seiner Bleibe an der Geraden Straße aufzusuchen und ihn durch Handauflegen zu heilen. Der Konvertit wurde dem Judentum, von dem er herkam, abtrünnig. Den Juden war er damit ein Feind; sie wollten ihn töten. Anhänger ließen Paulus in einem Korb über die Mauer herunter, damit er aus Damaskus fliehen konnte:

32 In Damaskus ließ der Statthalter des Königs Aretas die Stadt der Damaszener bewachen, um mich festzunehmen.
33 Aber durch ein Fenster wurde ich in einem Korb die Stadtmauer hinuntergelassen, und so entkam ich ihm.

(2 Kor 11, 32–33)

Eine halsbrecherische Aktion, um dem nabatäischen König Aretas VI. zu entkommen. Diese Fluchthilfe soll – so will es die Überlieferung – beim Bab Qaysan stattgefunden haben, was freilich nicht sein kann, da dieses Tor aus dem 14. Jh. stammt. 1939 hat man dort im Bab Qaysan eine Paulus-Kapelle eingerichtet.

Die Apostel und ihr Konzil

Die Apostelgeschichte ist die Fortsetzung des Lukasevangeliums und von Lukas geschrieben: *In meinem ersten Buch, Theophilus, habe ich von all dem gehandelt, was Jesus von Anfang an getan und gelehrt hat ...* (Apg 1, 1). Somit ist dieses Buch die Klammer zwischen den Evangelien einerseits und den Briefen andererseits. Der zentrale Gedanke: Die Predigt der Kirche hat die Geschichte Jesu, sein Leiden und sein Sterben, seine Auferstehung und seine Erhöhung zum Inhalt; die Kirche predigt von Jesus. Dafür muss der Inhalt verbürgt sein durch die Apostel. Sie sind die Zeugen. Nur vor diesem Hintergrund kann die Ausbreitung des Glaubens gelingen: die weltweite Mission, die vor allem bei Paulus lag.

Paulus steht auf dem Fundament, das die Apostel gelegt haben. Damit ist von den zwölf Aposteln – mit der Nachwahl des Matthias (Apg 1, 15ff.) war das Dutzend wieder voll – und der ersten, grundlegenden Zeit der Kirche die Rede.

Der Begriff „Apostel" bezeichnet einen offiziellen Gesandten oder auch eine Gesandtschaft, sei es im politischen oder im theologischen Sinne. Die zwölf Jünger gehörten als Augenzeugen Christi in den engsten Kreis der Apostel. Der Begriff wurde dann aber auf einen weiteren Kreis von Missionaren ausgedehnt. So wird schließlich auch Paulus als Apostel bezeichnet (Apg 14, 4–5; 1 Kor 15, 9).

Wohl um das Jahr 49 trafen sich Paulus und Barnabas als Abgesandte der Gemeinde von Antiochia mit wichtigen Vertretern der urchristlichen Gemeinde von Jerusalem. Dieses Treffen ging als das erste Konzil – das sog. Apostelkonzil (Apg 15, 1–29; Gal 2, 1–10) – in die Geschichte ein. Es ging um die Klärung der Frage, ob für jene Christen, die vom Heidentum her konvertierten, die Beschneidung heilsnotwendig sei oder nicht (Juden, die den christlichen Glauben annahmen, waren ja beschnitten). Die Fetzen flogen nur so, bis Petrus (in der Darstellung des Lukas) das Problem mit dem Hinweis auf die Gnade Jesu entschärfte. Damit schloss sich Petrus den paulinischen Argumenten an. Jakobus entwickelte schließlich einen Kompromiss, der den christianisierten Heiden etwa bei den Speisen Zugeständnisse abverlangte, nicht aber die Beschneidung forderte.

Paulus setzte die Anerkennung der unbeschnittenen Christen durch – ihm sei das Evangelium für die Unbeschnittenen anvertraut wie dem Petrus für die Beschnittenen (Gal 2, 7) – und blieb sich damit treu, Missionar aller Völker zu sein (Röm 1, 5). Doch es gab ungeahnte Probleme: Wie konnte man die unbeschnittenen Heidenchristen und die Judenchristen zusammenbringen? Unbeschnittene waren ja nicht einmal zum Tempelkult zugelassen. So entwickelten sich die Begriffe der beiden zeitweise nebeneinander stehenden christlichen Kirchen: die konvertierten Juden gehörten zur *ecclesia ex circumcisione* (Kirche der Beschnittenen), die bekehrten Heiden zur *ecclesia ex gentibus* (Kirche der Unbeschnittenen). So erzählen es die Mosaiken an der Westwand der Kirche Santa Sabina in Rom.

11 Der Apostel Paulus geleitet die hl. Praxedis zu Christus. Links der Papst Paschalis (817–824). Der eckige Nimbus bedeutet, dass das Mosaik zu seinen Lebzeiten entstand. Links außen die Palme, Zeichen des Martyriums, mit dem Phönix als Symbol der Auferstehung. Mosaik aus der Kirche S. Prassede in Rom.

Paulus setzte auf ein Evangelium, das weder das Gesetz noch die Beschneidung in den Vordergrund stellte. Sein theologischer Ansatz war auch in diesem Punkte unglaublich wichtig: er wies über das Judentum hinaus. So gaben die neutestamentlichen Gedanken der Unterordnung des Gesetzes unter das Gebot der Nächstenliebe und die paulinische Wirkmächtigkeit der Mission bei allen Völkern, der entstehenden Religion des Christentums ungeahnt starke Impulse.

Rom

Die Geschichte der intensiven Missionsreisen von Paulus, seiner Gemeindegründungen, bei denen er sich jeweils nur kurz aufhielt, um sie dann aus der Ferne brieflich zu betreuen, sind oftmals erzählt worden. Bei Philippi entstand dabei die erste christliche Gemeinde auf europäischem Boden.

Ungewöhnlich lange hielt sich Paulus in Ephesos auf. Hier – so die Apostelgeschichte (Apg 19, 23–40) – wurde es brenzlig für ihn und seine Gefährten. Denn unter der Leitung des Demetrius zettelten die Silberschmiede einen Aufruhr gegen die Christen an: durch deren Einfluss würde ihr Geschäft mit dem Verkauf von Artemis-Votiven leiden. Das Volk strömte in dem riesigen Theater von Ephesos zusammen und skandierte: *Groß ist Artemis von Ephesos* (V. 28). Nur mit Mühe entgingen Paulus und seine Helfer einem vorschnellen Urteil. Der Stadtschreiber löste schließlich die Versammlung auf. – Wichtiger erscheint gegenüber diesen Episoden die paulinische Theologie, die die Ausbreitung des frühen Christentums ungemein förderte und damit auch eine historische Dimension annimmt.

Die letzten Kapitel der Apostelgeschichte belegen, dass Paulus sich nicht nur Freunde geschaffen hatte. Er reiste nach Jerusalem, wo er sich gegen erhebliche Anschuldigungen zur Wehr setzen musste (Apg 21). Man verhaftete ihn, behandelte ihn aber als römischen Bürger. Davon war schon die Rede. Paulus blieb in Gewahrsam, und als schließlich der neue Statthalter Festus kam, appellierte Paulus an den römischen Kaiser. Prompt schickte Festus ihn nach Rom: *An den Kaiser hast du appelliert; zum Kaiser sollst du gehen* (Apg 25, 12).

12 An vielen Orten findet sich das Paulus-Patrozinium, so auch in Castelseprio bei Mailand. Die kleine Kirche S. Paolo scheint im 11. Jahrhundert noch einmal verändert worden zu sein.

Die Reise nach Rom verlief schwierig. Vor der Insel Melite erlitt die Mannschaft Schiffbruch. Gern hat man diesen Ortsnamen mit „Malta" übersetzt. Doch unter der Einbeziehung von allen Arten nautischen Wissens um die Windströmungen im Mittelmeer, von meteorologischen und geografischen Daten sowie der Betrachtung der Fauna scheint es eher so zu sein, dass die Schiffbrüchigen auf einer Insel im Westen Griechenlands strandeten, nicht auf Malta. Von dort führte die Reise dann über Puteoli – heute Pozzuoli – nach Rom. Hier – so das Ende der Apostelgeschichte – blieb Paulus zwei volle Jahre und verkündete das „Reich Gottes" (Apg 28, 31). Von seinem Ruhm berichtet um 96 einer der Leiter der römischen Christengemeinde, nämlich Clemens von Rom, in einem Brief an Korinth, der nicht im Kanon des Neuen Testaments enthalten ist:

> *5 Infolge von Eifersucht und Neid ließ Paulus den Siegeslohn für seine Standhaftigkeit stehen. 6 Siebenmal in Ketten gelegt, vertrieben, gesteinigt empfing er als Herold im Osten wie im Westen den edlen Ruhm für seinen Glauben. 7 Gerechtigkeit lehrte er die ganze Welt und kam bis an die Grenze des Westens und bezeugte einen Glauben vor den Herrschenden, so schied er aus der Welt und gelangte an den heiligen Ort, nachdem er das größte Beispiel der Standhaftigkeit geworden war.*
>
> *(1 Clem 5, 5–7)*

Von seinem Märtyrertod durch Enthauptung drei Meilen außerhalb der Stadt an der Straße nach Ostia erfahren wir aus dieser Quelle nichts. Dazu müssen wir ein späteres Zeugnis heranziehen, das auf Nero als den ersten Verfolger der Christen verweist:

> *So ließ sich dieser, der als allererster Kämpfer gegen Gott in aller Munde ist, zu den Morden an den Aposteln hinreißen. In Rom selbst wurde unter seiner Herrschaft Paulus enthauptet und Petrus gekreuzigt, wie berichtet wird, und bestätigt wird diese Erzählung auch durch die bis heute erhaltenen Namen Petrus und Paulus in den dortigen Begräbnisstätten. (Eusebius, Kirchengeschichte, II 25, 5)*

Dieser Text enthält die frühesten Hinweise auf die Gräber von Petrus und Paulus. Die genauen Lebensdaten von Eusebius sind nicht bekannt; sie dürften zwischen etwa 260 und 340 anzusetzen sein.

Papsttum und frühes Christentum in Rom

3

Am Schluss des letzten Kapitels erfuhren wir aus der „Kirchengeschichte" des Eusebius von der Todesstätte der beiden bedeutendsten Apostel: Unter Kaiser Nero sei Paulus enthauptet und Petrus gekreuzigt worden; die Begräbnisorte erzählten davon. Somit waren die Hinrichtungsorte, an denen die beiden Märtyrer beigesetzt worden waren, offenbar gut im Gedächtnis der Christen verankert – die eine Stätte an der Straße nach Ostia, die andere im vatikanischen Gebiet. Eusebius sprach von den „Ruheorten" und nicht etwa von den Kirchen darüber: Er wird sie wohl gerade noch nicht gekannt haben. Aber die „Siegeszeichen derer, die diese Kirche gegründet haben" – also die christliche Kirche, für deren Werden Eusebius somit gleichermaßen Petrus und Paulus benannte – seien noch beim Vatikan und an der Straße nach Ostia zu finden. Im darauf folgenden Satz zitiert Eusebius einen Gewährsmann aus Korinth:

> *Dass beide Apostel zu gleicher Zeit das Martyrium erlitten haben, behauptet Dionysos, Bischof von Korinth, in einem Brief an die Römer auf folgende Weise:*
> *Daher habt ihr auch durch eure so starke Mahnung die von Petrus und Paulus gegründeten Pflanzungen in Rom und Korinth miteinander verbunden. Denn beide haben, während sie in unserer Stadt Korinth die Pflanzung begannen, uns gleichermaßen gelehrt, und als sie uns später auch in Italien gleichermaßen lehrten, erlitten sie zur selben Zeit den Märtyrertod.*
> *(Eusebius, Kirchengeschichte, II 25, 8)*

Dionysos schrieb seine Briefe wohl etwa ein Jahrhundert nach dem Tod der Apostel. – In vergleichbarer Weise berichtete auch der zum Christentum bekehrte Rhetorik-Lehrer Laktanz (* um 260) über die wütenden Aktionen des Kaisers Nero, der als erster die „Diener Gottes" verfolgen und „Petrus kreuzigen, Paulus hinrichten" ließ (Über die Todesarten der Verfolger 2, 6). Petrus und Paulus treten in diesen Darstellungen zusammen auf – gerade so wie Zeugnisse frühchristlicher Kunst die beiden neben Christus zeigen. Doch Eusebius gibt noch einen weiteren Hinweis: Der Weg der beiden Apostel führte über Korinth nach Rom. Indirekt erzählte der Bischof von Caesarea in seiner Kirchengeschichte die Bewegungsrichtung des werdenden Christentums: Es kam von Osten auf Rom zu!

Rom war nicht die Keimzelle des Urchristentums, auch wenn im Laufe der frühen Jahrhunderte die römischen Bischöfe eifrig an dieser Legende strickten – und viele Autoren bis heute davon überzeugt sind. Die riesenhafte Peterskirche im Vatikan mit ihrer herrlichen *Confessio* – so nennt man die herausgehobenen Stätten über den Gräbern der Märtyrer – ist fraglos einer der wichtigsten Orte der Christenheit. Dort aber, in Rom, stand nicht die Wiege des Christentums. Es gibt kein einziges zeitgenössisches Zeugnis für Petri Aufenthalt in Rom; auch Paulus berichtet nichts darüber. Die Spur des Apostels Petrus scheint sich in Jerusalem zu verlieren.

Die Gemeinde von Jerusalem …

„Geht nicht weg von Jerusalem" – so das Gebot des auferstandenen Christus an seine Jünger beim gemeinsamen Mahl (Apg 1, 4). Unmittelbar vor der Himmelfahrt, vor der Wahl des Matthias als dem zwölften Mann im Bunde und dem Pfingstereignis wurde den Aposteln die heilige Stadt anbefohlen. Gewiss, sie warteten auf die Wiederkehr ihres Herrn und wollten wissen, ob

13 Zwei Lämmer – Symbole der Apostel, wohl Petrus und Paulus – umschließen auf diesem frühchristlichen Sarkophag aus Ravenna das Christus-Zeichen, das mit den griechischen Buchstaben Chi und Rho die Abkürzung für Christus bedeutet. Seitlich die Palmen als Zeichen des Martyriums.

14 Die bedeutendste Verehrungsstätte des Apostels Petrus ist sein Grab unter dem Hauptaltar der Kirche San Pietro in Vaticano – dem Petersdom – in Rom. Hier ein Blick auf die so genannte *Confessio*, die mittels eines halbkreisförmigen Gangs die direkte Verehrung ermöglicht.

er das Reich für Israel wieder herstelle (Apg 1, 6). Der beste Ort, um darauf zu warten, war ohne Frage Jerusalem und nicht etwa Galiläa. Außerdem – das Pfingstgeschehen zeigte es (Apg 2, 5–12) – gab es keine Stätte, an der man so schnell so viele Pilger erreichen konnte, um ihnen die neue Botschaft zu verkündigen. Das aber war der letzte Auftrag Jesu: Die Jünger sollten ihn bezeugen „in Jerusalem und in ganz Judäa und Samarien und bis an die Grenzen der Erde" (Apg 1, 8). Sie folgten der Anweisung und wirkten „viele Wunder und Zeichen" (Apg 2, 43).

Die Lebensweise der Apostel wie überhaupt der Urgemeinde lässt sich aus verschiedenen Stellen der „Taten der Apostel" erschließen:

15 Hananias und seine Frau Saphira wollten die Jerusalemer Urgemeinde um Geld betrügen; das bedeutete ihr sofortiges Todesurteil (Apg 5). Hier die Erzählung auf einem Sarkophag des 4. Jahrhunderts in Avignon.

44 Und alle, die gläubig geworden waren, bildeten eine Gemeinschaft und hatten alles gemeinsam. 45 Sie verkauften Hab und Gut und gaben davon allen, jedem so viel, wie er nötig hatte. 46 Tag für Tag verharrten sie einmütig im Tempel, brachen in ihren Häusern das Brot und hielten miteinander Mahl in Freude und Einfalt des Herzens. 47 Sie lobten Gott und waren beim ganzen Volk beliebt. Und der Herr fügte täglich ihrer Gemeinschaft die hinzu, die gerettet werden sollten.

(Apg 2, 44–47)

Herrlich zu sehen, wie in unverfälschter Weise Gemeinwirtschaft betrieben wurde – ein Kommunismus in edelstem Sinne. In dieser Gemeinschaft kamen etwa 120 Brüder zusammen (Apg 1, 15), unter ihnen auch die leiblichen Brüder Jesu und seine Mutter Maria (Apg 1, 14). Eigentum gab es nicht (Apg 4, 32). Wer sich der Gemeinschaft anschließen wollte, machte seinen Besitz zu Geld „und legte es den Aposteln zu Füßen" (Apg 4, 37). Jeder Versuch eines Betruges mit dem Ziel, unter den Heiligen aufgenommen zu werden und dennoch nicht alles zu geben, endete mit sofortigem göttlichen Todesurteil. Das erfahren wir aus der Geschichte des Hananias und seiner Frau Saphira (Apg 5, 1–11): Die beiden hatten ein Grundstück verkauft, aber etwas von dem Erlös abgezweigt. Als nun der Mann nur die Restsumme der Gemeinschaft anbot, stellte Petrus ihn zur Rede und sagte ihm auf den Kopf zu, er habe Gott belogen. Auf der Stelle stürzte Hananias tot zu Boden. Als drei Stunden später seine Frau hereinkam und dieselbe Geschichte erzählte, folgte sie ohne Verzug ihrem Mann ins Grab.

So schildert die Apostelgeschichte das lebendige Bild einer Gemeinde, die in ihrer Strukturierung schon fast an eine Mönchsgemeinschaft erinnert. Die Basis machten jene Vielen aus, die sich selber mit allem Hab und Gut einbrachten, dafür aber in der Nähe der Heiligen weilten und dadurch für ihr eigenes Seelenheil Gewinn zu ziehen suchten – nicht zufällig suchte man auch später immer wieder für den eigenen Ort der Bestattung die Nähe eines Grabes eines Heiligen. An der Spitze standen jene zwölf Apostel, die – von Jesus selber eingesetzt – die Aufgabe hatten, die Kasse zu verwalten, die Gemeinschaft zu führen und sie nach außen zu vertreten. Die Leitung oblag Petrus gemäß dem Wort Jesu: *Du bist Petrus und auf diesen Felsen (griechisch: petra) werde ich meine Kirche bauen* (Mt 16, 18).

… und ihre Geschicke

Das Verhältnis der Jerusalemer Urgemeinde zur Umgebung war nicht konfliktfrei; die Wundertaten riefen die Neider auf den Plan. Man verhaftete die Apostel, ließ sie wieder frei, peitschte sie aus (Apg 5, 40), verbot ihre Lehre, klagte einen von ihnen namens Stephanus unter falschen Zeugnissen an und steinigte ihn in Gegenwart jenes jungen Mannes Saulus, den man später als Paulus kannte (Apg 7, 58). Petrus zog zu benachbarten Gemeinden, kehrte wieder zurück nach Jerusalem und sah sich der Bedrohung durch Herodes Agrippa ausgesetzt. Der hatte in seiner Eigenschaft als König von Judäa und Samaria schon Jakobus, den Bruder des Johannes, hinrichten lassen. Petrus sollte dasselbe Schicksal erleiden, doch mit der Hilfe eines Engels konnte er fliehen. Er verließ Jerusalem (Apg 12, 17), nicht ohne an Jakobus, einen Bruder Jesu, die Leitung der Jerusalemer Gemeinde abzugeben. Man hört von Petrus noch einmal beim sog. Apostelkonzil (Apg 15, 7). Dann verlieren sich die Spuren.

Das Martyrium des Jakobus muss aus außerbiblischen Quellen erschlossen werden: Flavius Josephus berichtet, er sei gesteinigt worden (Jüd. Altertümer 20, 9, 1). Mit dem Verlust ihrer Führungspersönlichkeit gelangte die frühchristliche Gemeinde von Jerusalem in arge Bedrängnis. Als der römische Kaiser Hadrian im Jahre 135 Jerusalem zerstören ließ, erlosch das Leben dieser einst so bedeutenden Gemeinschaft. – Die Bedeutung der Stadt Jerusalem blieb jedoch immer in lebendiger Erinnerung. Sobald das Christentum nicht mehr verfolgt wurde, entstand dort unter Kaiser Konstantin im 4. Jahrhundert die ungemein wichtige, vielen Religionen zugehörende Grabeskirche. Auf der Mosaikkarte einer Kirche im jordanischen Ort Madaba, die im 6. Jahrhundert entstand, findet sich diese Karte wieder. Neben den Christen erheben seit ihren Urzeiten auch die Moslems Anspruch auf Jerusalem; es lässt sich kaum ausmachen, wie viele Schlachten allein in diesen Auseinandersetzungen um die heilige Stadt ausgefochten wurden.

Petrus, der Auserwählte

Unfreiwillig gerät jede weitere Darstellung des Lebens und Wirkens Petri in Schwierigkeiten, da es nahezu keine authentischen Zeugnisse gibt. Nachweislich missionierte Petrus außerhalb der Stadt Jerusalem, nicht aber in ganz anderen Regionen der Mittelmeerländer. Die Gemeinde in Korinth ging mit Sicherheit auf Paulus zurück; die Anwesenheit Petri an diesem Ort, die Eusebius beschrieb, lässt sich nicht belegen.

Doch steht eines fest: Es gab neben der Jerusalemer Urgemeinde weitere frühchristliche Gemeinden in Kleinasien – Ephesos und Antiochia etwa, um nur zwei zu nennen. Ganz sicher führte die Gründung von Gemeinden in Griechenland – so zum Beispiel in Korinth, Thessaloniki oder Philippi – zur weiteren Verbreitung des Christentums. Dabei erwies sich die damals weithin gebräuchliche griechische Sprache als äußerst hilfreich. Im Zusammenhang der Ausbreitung müssen wir aber, wie im vorigen Kapitel gesehen, eher an Paulus als an Petrus denken.

Petrus galt der frühen Kirche als ein Auserwählter. Das zeigt schon die Namensänderung von Simon (Mk 1, 16), wie er bei der Berufung der Jünger hieß, hin zu Petrus. Diesen Ehrennamen gab ihm Jesus (Mk 3, 16). Die hohe Bedeutung dieses Namens – der Fels, auf dem die Kir-

16 In Madaba (Jordanien) befindet sich in der Georgskirche eine Mosaikkarte aus dem 6. Jahrhundert, die Orte des Heiligen Landes zeigt. Hier die Stadt Jerusalem, ausgewiesen durch die Beischrift links oben, mit der säulengerahmten Hauptstraße und der Grabeskirche, die in der Bildmitte auf den Kopf gestellt erscheint.

17 Die Verhaftung Petri und die Schlüsselübergabe als Themen auf einem frühchristlichen Sarkophag des 4. Jahrhunderts in Avignon.

18 Die Übergabe des Gesetzes (*traditio legis*) an Petrus, der sich Christus von rechts mit verhüllten Händen nähert, also so, wie man sich sonst dem Kaiser gegenüber näherte (Arles, Museum).

che Christi gründet – sahen wir bereits. „Du bist Petrus", so der Evangelist Matthäus, der dann fortfährt:

> *Ich werde dir die Schlüssel des Himmelreiches geben; was du auf Erden binden wirst, das wird auch im Himmel gebunden sein, und was du auf Erden lösen wirst, das wird auch im Himmel gelöst sein.*
>
> *(Mt 16, 19)*

Mit dieser Binde- und Lösevollmacht erhielt Petrus in gewissem Sinne eine amtliche Vollmacht (s. Kap. 9), die eigentlich erst mit dem Ostergeschehen greift: Mit seinem Osterbekenntnis (Apg 2, 24–32) erwies sich Petrus als Fels der Kirche. Man hat viel über diese Stelle geschrieben und überlegt, ob dieser Vers wohl in diesen Kontext gehöre. Die Künstler der frühchristlichen Zeit kannten solche Zweifel nicht. Ihnen galt das Wort der Bibel ganz unmittelbar, und so stand außer Frage, dass die Übergabe der Schlüssel des Himmels an Petrus real vorgestellt und in Stein gehauen werden könnte. Petrus hatte die Leitung der Urgemeinde inne, denn er war schließlich der erste Zeuge der Auferstehung Christi (Lk 24, 34). So liegt es nahe, dass man in ihm auch den Wahrer des Gesetzes sah, das Jesus ihm überreichte. Viele Sarkophag-Reliefs erzählen von der Übergabe des Gesetzes, der *traditio legis*, bei der Petrus die Schriftrolle mit verhüllten Händen entgegennimmt.

Petrus und Rom

Über das Lebensende des Apostels Petrus weiß man fast nichts. Das Nachtrags-Kapitel des Johannes-Evangeliums verweist vermutlich auf den ihm geweissagten Märtyrer-Tod (Joh 21, 18). Eine tatsächliche Nachricht über das Martyrium Petri findet sich erst eine Generation nach seinem Tod in jenem ersten Clemensbrief, der als außerkanonischer Text am Ende des letzten Kapitels bereits einmal, Paulus betreffend, herangezogen wurde:

> *2 Infolge von Eifersucht und Neid wurden die größten und gerechtesten Säulen verfolgt und kämpften bis zum Tode. 3 Halten wir uns die tapferen Apostel vor Augen: 4 Petrus, der infolge von ungerechtfertigter Eifersucht nicht eine oder zwei, sondern viele verschiedene Qualen erduldete und, nachdem er so seinen Glauben bezeugt hatte, an den verdienten Ort der Herrlichkeit gelangte.*
>
> *(1 Clem 5, 2–4)*

Was bedeuten diese Nachrichten? Hält man sich für einen Augenblick vor Augen, dass in der Apostelgeschichte die Taten Petri durch die Berichte über Paulus überblendet werden, kann das plötzliche Interesse an Petrus eine gute Weile nach seinem Tod vielleicht am besten so verstanden werden, dass hier ein führender Kleriker aus Rom vorsichtig eine Botschaft mitteilte: Hallo, wir sind auch noch da! Was hier so salopp klingt, dringt an anderer Stelle eben dieses Briefes an die Korinther noch einmal durch. Es ist eine eindringliche Bitte an die Adressaten, die Eintracht untereinander wieder herzustellen:

> *1 Es ist daher angebracht, dass wir uns diesen großartigen und zahlreichen Vorbildern zuwenden, den Nacken beugen und den Platz des Gehorsams einnehmen, damit wir unter Verzicht auf den nutzlosen Aufruhr ohne allen Tadel zu dem uns in Wahrheit vorgelegten Ziel gelangen.*
> *2 Denn Freude und Wonne werdet ihr uns bereiten, wenn ihr dem, was wir durch den Heiligen Geist geschrieben haben, Gehör schenkt und den frevelhaften, aus eurer Eifersucht geborenen Zorn ablegt, gemäß der Bitte, die wir betreffs Frieden und Eintracht in diesem Brief vorgebracht haben.*
> *(1 Clem 63, 1–2)*

Clemens mahnt die Korinther mit deutlichen Worten und hohem Anspruch, da nach seinen eigenen Worten der Heilige Geist die Feder geführt habe. Darf es da noch Widerworte geben? Mit dem Hinweis auf die Göttlichkeit der Mahnung spricht eine hohe – oder besser: die höchste – Autorität. Man sah in diesen Zeilen einen Hinweis darauf, dass Rom vielleicht einen gewissen Führungsanspruch formulierte. Auch scheinen einige andere Textquellen aus dieser Zeit erstmals Petrus mit Rom zu verbinden. Es ist von daher gut denkbar, dass man sich in diesen Jahren kurz vor der Jahrhundertwende, als es der Gemeinde in Jerusalem schon nicht mehr sonderlich gut ging, darauf besann, Rom allmählich zu einer Vorrangstellung auszubauen. Wir sahen bereits, dass die spätere Tradition – etwa Eusebios in seiner Kirchengeschichte – keinen Zweifel am Martyrium des Apostels Petrus in Rom ließ. Wenn nun der Erste unter den Aposteln in Rom angesiedelt ist, dann lässt sich sein Erbe mit dem Bischofsstuhl verbinden und durch Sukzession an die Nachfolger weitergeben; dann ist im Zuge dieser Petrustradition das Papsttum zu einer Institution geworden.

Fraglos wird in einem solchen Durchgang die Geschichte „von hinten“ aufgerollt. Doch ist das die einzige Möglichkeit, die wir haben. Wir wissen von Petrus, dass er seinen Meister verriet, ehe der Hahn drei Mal krähte. In Rom kann man den Kerker besuchen, in dem der Apostel der Überlieferung nach einsaß. Wo er aber seine letzten Lebensjahre wirklich zubrachte und wo er tatsächlich bestattet ist, wissen wir nicht.

19 Petrus verriet seinen Herrn, ehe der Hahn drei Male krähte. Dieses Fragment eines Sarkophages des 4. Jahrhunderts stammt aus Marseille (heute in Avignon).

Das Grab des Petrus in Rom

Man sollte es niemandem verübeln, ein bestimmtes Interesse zu vertreten. Auch wenn sich immer mehr herausschält, dass das Papsttum in Rom nachträglich angesiedelt wurde und ganze Datenreihen „rekonstruiert“ sind, möchte man es doch als legitim ansehen, das Zentrum des christlichen Glaubens, des kommenden Reiches Gottes mit dem Zentrum der politischen Macht verbinden zu wollen. Im Verhältnis zur römischen Staatsgewalt waren die Christen ein verschwindend kleines Häufchen, das kaum irgendwo wirklich manifest wurde. Wie hätte man sich einen Konflikt mit den Autoritäten auch leisten können? So zogen die Christen sich zu Gottesdiensten in Hauskirchen zurück, und ihre Toten bestatteten sie vorschriftsmäßig in besonderen Gräbern außerhalb der Stadtmauern.

20 Im Mamertinischen Kerker in Rom, ganz nahe bei den Kaiserforen, wird der Ort gezeigt, an dem Petrus und Paulus an der Säule die Gefängniswärter sowie 47 weitere Leute bekehrt und sie getauft haben sollen.

In vielen Städten waren folglich auch die ersten tatsächlichen Gotteshäuser Friedhofskirchen über den Gedenk- oder Grabstätten berühmter Heiliger. Das trifft auch für die Peterskirche in Rom zu. Sie liegt westlich der Stadt auf der anderen Seite des Flusses Tiber. Die heutige Kirche, deren Grundstein unter Papst Julius II. am 18. April 1506 gelegt wurde, entspricht in ihrer Lage und Ausrichtung der alten Peterskirche; nur ist sie viel größer. Nähert man sich dieser riesigen Basilika von der Engelsburg her, hat man nicht nur Berninis Kolonnaden im Blickfeld, sondern auch die Fassade. Allerdings machen sich die wenigsten Besucher klar, dass diese Kirche – wie auch ihre spätantike Vorgängerin – zur Stadt hin zeigt, der Eingang also nach Osten und die Apsis nach Westen weisen. Ausgerechnet die wichtigste Kirche der Christenheit ist „falsch" orientiert, denn üblicherweise zeigt die Apsis nach Osten.

Mehr noch: Während der Errichtung der neuen Kirche musste der Vorgängerbau abgetragen werden. Schon seinerzeit stellte man fest, dass diese alte Kirche inmitten eines heidnischen Friedhofes stand. Das war auch ein für die Bauzeit unerhörter Vorgang. Die Gräber befanden sich bei jenem Zirkus, den Kaiser Nero hier im vatikanischen Gebiet hatte anlegen lassen. Möglicherweise war das jener Ort, an dem ein Massaker an Christen stattgefunden hatte (Tacitus, Annalen 15, 44ff.). Damit verband die römische Überlieferung dann auch das Martyrium von Petrus, obwohl über dessen Tod – wie gesehen – keine zuverlässigen Nachrichten vorliegen.

Die erste Peterskirche war ein konstantinischer Riesenbau, begonnen wahrscheinlich im Jahre 324, als Kaiser Konstantin den Sieg über

21 Die vatikanische Peterskirche in Rom entstand über jener Stätte, die als Grab Petri verstanden wird. Die heutige Renaissance-Kirche weist wie die Vorgängerkirche mit ihrer Fassade nach Osten, der Stadt zu. Vorn die Engelsbrücke.

seinen Gegner Licinius errang. Die Basilika gliederte sich in ein fünfschiffiges Langhaus mit 88 Säulen und ein gewaltiges Querhaus mit einem großartigen Triumphbogen. Der Kirche vorgelegt war ein Vorhof mit Eingangshalle. In diesem Hof ragte ein riesiger eherner Pinienzapfen empor, der ehemals als Brunnen für die Pilger diente (heute ist er im Hof der vatikanischen Museen aufgestellt). Weil der Neubau der Peterskirche sich hinzog, stand das Langhaus von Alt-Sankt Peter noch 1571. Dem Titelheiligen Petrus widmete man sowohl das Apsis-Mosaik mit Christus als Weltenherrscher als auch eine Bronzestatue, die heute noch in der neuen Kirche existiert; der Legende nach soll sie aus dem Metall sein, aus dem einst der Jupiter Capitolinus gegossen war. – Zahlreiche Restaurierungen, so noch unter Innozenz III. gegen 1200, erzählen vom Festhalten an dem Ort, an dem nach römischer Tradition das Grab des Apostels bezeugt ist. Aus diesem Grunde avancierte Alt-Sankt Peter seit dem 5. Jahrhundert zur Grabeskirche der römischen Bischöfe (noch im 4. Jahrhundert fanden die Beisetzungen in den Katakomben statt).

In den 1940er Jahren fanden Grabungen unter der Peterskirche statt. Die Ausgräber fanden eine in den Boden eingefügte Verschlussplatte bei drei Körpergräbern. Sie gründeten darauf die Hypothese, dass es sich hier um ein zentrales Grab, eben um das Petrusgrab, handle. Dieses angenommene zentrale Grab war aber bereits gänzlich gestört durch frühere Bauten und die Grabungen selber, so dass ein tatsächlicher Nachweis des Petrusgrabes nicht mehr möglich war.

In jedem Falle aber wurde hier ein Ort verehrt, der durch die Überlieferung geheiligt war. Dass es sich bei dem zentralen Grab um das des Petrus handle, ist eine sicher sehr alte Überlieferung – oder besser: Fiktion, die jedoch wegen der umliegenden Gräber nicht vor der Mitte des zweiten Jahrhunderts aufkommen konnte. Der Platz galt in der offiziellen römischen Tradition als der des Grabes Petri. Die Ausgrabungen brachten allerdings sehr viele Widersprüche mit sich. Warum etwa liegt in jenem Nischenmonument, das die Ausgräber über dem Petrusgrab rekonstruierten, die Bodenplatte schräg? Warum erscheint der Name Petri in den zahlreichen Grafitti so gut wie gar nicht?

Sicher ist: Hier wurde ein heiliger Ort verehrt, wahrscheinlich im Zusammenhang mit dem immer stärker ausgeprägten Gedanken der apostolischen Nachfolge der römischen Bischöfe. Die erste Gedenkstätte für Petrus war also eher ein kirchenpolitisch bedingtes Monument, das aus archäologischen Überlegungen heraus aber erst im zweiten Jahrhundert entstanden sein konnte.

22 Im Atrium der alten Peterskirche ragte der Pinienzapfen, Symbol ewigen Lebens, empor (Vatikanische Museen). Er diente als Brunnen für die Pilger.

Die Basilika Kaiser Konstantins zementierte diese Tradition und legitimierte damit zugleich den Primat des römischen Bischofs, des „Stellvertreters Jesu Christi", wie ein Teil der Titulatur des Papstes verrät.

Frühe Christen in Rom

An dieser Stelle könnte man den Eindruck gewinnen, das frühe Christentum in Rom sei nur das Ergebnis vielfacher Verfälschungen. Doch das ist sicher nicht richtig. Denn völlig unabhängig von jeder Idee apostolischen Wirkens und auch von der Missionstätigkeit des Paulus gab es eine Gemeinde in Rom, und zwar schon vor der Mitte des ersten Jahrhunderts. Über die Gründung ist nichts weiter bekannt. Erhalten ist der Brief des Paulus an die Römer, den er kurz vor seiner Reise nach Jerusalem schrieb, also etwa 55 oder 56 n. Chr.

Alle Indizien deuten darauf hin, dass in Rom allgemein – ganz sicher in den Gebieten rund um den Hügel Caelius – die Religionsausübung vornehmlich in Häusern stattfand. Für aufwändige Kirchenbauten wäre die Gemeinde zu klein gewesen, und mit größter Wahrscheinlichkeit hätte der römische Staat solche religiöse Stätten auch nicht geduldet. Dennoch versteckten sich die Christen in Rom nicht, aber sie provozierten auch nicht. Die so genannten Hauskirchen darf man in Rom nach Lage der Quellen bereits für das zweite Jahrhundert annehmen. So notiert Minucius Felix gegen 200 n. Chr. in einem Dialog:

Wir haben keine Tempel und haben keine Altäre, aber glaubt ihr, dass wir darum geheim halten, was wir verehren?
(Minucius Felix, Octavius 32)

Die übliche Bezeichnung für diese kirchlichen Versammlungsräume war: das Haus der Versammlung – *domus ecclesiae*. Andererseits bezeichnet Clemens von Alexandria um 215 als *ecclesia* lediglich die „Gemeinschaft der Auserwählten", nicht die Gebäude. So kann man sinnvoll zwischen der Gemeinschaft der Christen und dem Haus für die Gemeinschaft unterscheiden. Bleiben wir für einen Augenblick bei der Architektur, denn auf solche älteren Gebäude gehen später oft die Titelkirchen zurück. Was besagt dieser Begriff?

Wenn Hauskirchen als Titelkirchen (oder Titularkirchen) bezeichnet wurden, bedeutete das, dass der Name des Besitzers (*titulus*) von Haus oder Grundstück auf die Kirche überging. Es kam sogar vor, dass der Besitzername auf den Namen des Heiligen übertragen wurde: *titulus Clementis* – Haus des Clemens – wird zum *titulus Sancti Clementis*, zur Kirche des Heiligen Clemens. Diese Hauskirche des heiligen Clemens gehört zu den achtzehn (oder 25) Titelkirchen Roms, die bis zum dritten Jahrhundert eingerichtet worden sind. Es scheint, dass die ursprünglich römischen (Haus-)Bauten an dieser Stelle einem Mann namens Clemens gehörten; vielleicht war er sogar ein Zeitgenosse des heiligen Clemens. Schon am Ende des ersten Jahrhunderts dürfte hier ein Raum des Hauses der Religionsausübung vorbehalten gewesen sein. Es bestand also schon sehr früh ein *titulus Clementis*.

Titulus Clementis – das war eines der seelsorgerlichen Zentren Roms, die im Laufe der Zeit an unterschiedlichen Orten in der Stadt entstanden waren. Deren Priester hatten zunächst Aufgaben im Friedhofsdienst, dann später in größeren Basiliken. Sie waren somit in anderen Kirchen incardiniert, also eingetragen. Aus dem Kollegium dieser Cardinalpriester ernannten die Päpste dann ihre Gehilfen – die Kardinäle. Ab dem zwölften Jahrhundert hat man aber nur noch selten die Kardinäle aus den Reihen der Priester dieser Titularkirchen gewählt. Umgekehrt aber hat jeder Kardinal auch heute noch eine Titularkirche in Rom.

Über dem altrömischen Gebäudekomplex mit der Hauskirche entstand im vierten Jahrhundert unter Papst Siricius (384–399) eine erste Basilika, dem Hl. Clemens geweiht. Zu dieser Zeit sind das Christentum wie auch das Papsttum in Rom bereits vollends etabliert und nicht mehr dem Druck der Verfolgungen ausgesetzt (s. Anhang: Zeittafel).

23 Eine alte Titelkirche in Rom: San Clemente. Nach ihrer Zerstörung im 11. Jahrhundert baute man sie in alten Formen mit Chorschranken wieder auf. Auch das herrliche Apsismosaik (12. Jh.) entspricht alten Vorgaben mit der Darstellung Christi über dem Lämmerfries sowie den flankierenden Aposteln Petrus und Paulus.

Frühe Christenverfolgungen 4

Wie kaum ein anderer Begriff aus der Welt des frühen Christentums vermag die Darstellung von Verfolgungen Emotionen zu erwecken. Die Berichte grauenvoller Leiden während der Martyrien füllen viele Seiten. Sie lassen die Vermutung entstehen, eine unüberschaubare Zahl von Christen sei systematisch auf höchsten Befehl hin qualvoll hingerichtet worden. Doch man sollte die Ereignisse, die es fraglos gab, nicht allein aus der Sicht der christlichen Autoren betrachten. Denn manche Darstellung ist überhöht, um die besondere Heiligkeit der todgeweihten Christen zu betonen. Unter der Regentschaft von Kaiser Mark Aurel (161–180) erlitt der hl. Polykarp von Smyra in hohem Alter sein Martyrium. Er weigerte sich, dem christlichen Glauben abzuschwören, und dafür wurde er – nach einem ausführlichen Dankgebet dafür, dass er von Gott dieses Martyriums für würdig befunden worden sei – auf den Scheiterhaufen geführt. Doch er verbrannte nicht! Als er darauf hin erdolcht wurde, sei ein solcher Strom von Blut aus ihm herausgetreten, dass das Feuer erloschen sei (Martyrium Polykarps, 16).

Es ist verständlich, dass die Schilderung eines solchen Martyriums der Verherrlichung diente. Das mahnt zur Vorsicht. Die nähere Betrachtung zeigt: Die Verfolgungen fanden nicht ständig statt, und sie ereigneten sich überhaupt erst ab der Regierungszeit von Decius (249–251) auf kaiserlichen Befehl hin.

Gestärktes Selbstwertgefühl

Die Annalen verzeichnen die Regentschaft Neros in den Jahren 54–68. Bereits ein Jahr nach seinem Amtsantritt begann er, Familienmitglieder zu ermorden. Opfer seines Caesarenwahns wurde auch seine Mutter. Man traute ihm sogar zu, Rom im Jahre 64 in Brand gesteckt zu haben. Die Feindschaft diesem rücksichtslosen Verbrecher gegenüber wuchs beständig. Um sich aus der Schusslinie zu nehmen, lenkte Nero den Verdacht der Brandstiftung auf die Christen. Wir sahen bereits, dass der Historiker Tacitus, der in den Christen nur verhängnisvolle Abergläubische sah, Nero durchschaut hatte (s. Kap. 1).

24 Das römische Kolosseum gilt mit seinen unvorstellbaren Ausmaßen – der große Durchmesser beläuft sich auf etwa 188 Meter, die Höhe beträgt ca. 50 Meter – als das bedeutendste Amphitheater überhaupt. Somit assoziierte man auch mit diesem Bau die Stätte des Martyriums vieler Christen. Aus diesem Grunde erklärte Benedikt XIV. das Kolosseum 1750 zur geheiligten Stätte.

Was geschah danach? Man könnte denken, dass die Christen spätestens unter Nero das Handtuch geworfen hätten. Das Ereignis der baldigen Wiederkehr Christi war nicht eingetreten (s. Kap. 1); stattdessen übte sich zumindest ein Teil der umgebenden Welt in tödlicher Feindschaft. Doch Rom war zu dieser Zeit noch nicht das Zentrum der frühen Christenheit. Die neronianischen Verfolgungen dürften in der Hauptstadt des Imperiums vergleichsweise stärkeren Widerhall gefunden haben als bei den Christen insgesamt. Denn in den kleinasiatischen und griechischen Gemeinden kam es zu Belästigungen, die vornehmlich den Aposteln galten. Auch theologisch richtete sich die frühe Christenheit gut ein: Die Verzögerung, später das Ausbleiben der *Parusie*, der Wiederkehr Christi, verursachte keine besondere Erschütterung der frühen Christen (s. Kap. 1). Im Gegenteil: Die theologische Entwicklung gab mit der Entstehung des ältesten Evangeliums von Markus den Christen neues Selbstbewusstsein.

Galten die Christen bis etwa zu Neros Zeiten hin als Teil des Judentums, konnten sie sich jetzt mit der Entstehung des Markus-Evangeliums kurz nach 70 n. Chr. von den Juden absetzen. Denn dieses früheste Evangelium gibt dem Leben Jesu – „Du bist mein geliebter Sohn“ (Mk 1, 11) – die messianische Würde, die in der Botschaft der Engel am leeren Grab, Jesus sei auferstanden (also lebendig!), gipfelt (Mk 16, 6). Die Person Jesu wird in diesem Evangelium mit einem göttlichen Nimbus umgeben: Mit der Vermehrung der Brote wirkt Jesus Wunder, die über menschliche Maßstäbe hinausgehen und von daher von den Aposteln gar nicht wahrgenommen werden. Die müssen sich dafür heftig tadeln lassen: *Habt ihr denn keine Augen, um zu sehen?* (Mk 8, 18). Die Vergöttlichung des irdischen Jesus setzt hier ein – das kannten die Apostel nicht. An den jüdischen Monotheismus war das eine Absage.

Halten wir fest: Die theologische Entwicklung im ausgehenden Urchristentum musste für die Christen die allmähliche Trennung vom Judentum und damit eine Stärkung des Selbstwertgefühles bedeuten. Markus krönt diese neue Richtung mit einem feinen Hinweis auf die Bedeutung der Heidenchristen (s. Kap. 2). Denn ausgerechnet der heidnische Hauptmann erkennt unter dem Kreuz, dass der Gekreuzigte „Gottes Sohn war" (Mk 15, 39). Es ist nicht zu übersehen: Auch die Heidenchristen sollen am Glauben festhalten und besonders in Zeiten der Verfolgung, wie soeben durchlitten, nicht abtrünnig werden.

Christen: Kriminelle oder Geduldete?

Wie unter Nero kam es auch unter Kaiser Domitian (81–96) zu Beeinträchtigungen. Wie Nero hatte auch Domitian wegen seiner selbstherrlichen Neigungen eine schlechte Presse. In diese Kerbe schlug auch Eusebius:

> *Er war also der zweite, der eine Verfolgung gegen uns angeordnet hat, während sein Vater Vespasian nichts Frevelhaftes gegen uns ersonnen hatte. Damals soll der Apostel und Evangelist Johannes noch am Leben gewesen sein und wegen seines Bekenntnisses zum göttlichen Wort verurteilt worden sein, auf der Insel Patmos zu wohnen.*
>
> *(Eusebius, Kirchengeschichte III 17 – 18, 1)*

25 In der letzten Zeit der Christenverfolgungen unter Kaiser Diokletian erlitt die hl. Afra ihr Martyrium. Über ihrem Grab an einer Augsburger Ausfallstraße errichteten Christen schon frühzeitig eine Kapelle.

Auf Patmos (Apk 1, 9) entstand noch in der Regierungszeit Domitians jene Offenbarung, die wie keine andere Schrift der Bibel die bildlichen Darstellungen des Mittelalters beeinflusste. – Johannes wurde verbannt, nicht etwa getötet. Waren die Christen vielleicht doch nicht so schlimme Mitmenschen? Ein kleiner Blick in einen Briefwechsel zwischen dem römischen Statthalter Plinius (es handelt sich um den Neffen jenes älteren Plinius, der bei dem Vesuv-Ausbruch 79 n. Chr. ums Leben kam) und Kaiser Trajan (98–117) zeigt eine gewisse Ratlosigkeit.

Plinius, Statthalter der kleinasiatischen Provinz Bithynien am Schwarzen Meer, möchte vom Kaiser gern wissen,

> *(2) ob schon die bloße Bezeichnung, auch wenn kein Verbrechen vorliegt, oder nur mit der Bezeichnung „Christ" zusammenhängende Verbrechen bestraft werden. Zwischenzeitlich habe ich bei denen, die bei mir als Christen angezeigt wurden, folgendes Verfahren angewendet: (3) ich habe sie persönlich gefragt, ob sie Christen seien. Die Geständigen habe ich unter Androhung der Todesstrafe ein zweites und drittes Mal gefragt; die hartnäckig dabei blieben, ließ ich zur Hinrichtung abführen; denn ich war der Überzeugung – was immer es auch sei, was sie damit eingestanden –, dass auf alle Fälle ihr stures Festhalten und ihre unbeugsame Halsstarrigkeit bestraft werden müsse.*
>
> *(Plinius d. J., Briefwechsel mit Trajan, Ep. 10, 96)*

Die ganze Schuld dieser verrückten Leute sei es, sich zu versammeln, um Christus ein Lied zu singen, und sich zu verpflichten, keine Verbrechen zu begehen. Doch der Kaiser hätte ja Vereinigungen verboten:

> *(8) Für umso notwendiger hielt ich es, von zwei Mägden, die Diakonissen genannt wurden, die Wahrheit, und zwar unter der Folter, herauszubekommen. Ich habe nichts anderes gefunden als einen verschrobenen, maßlosen Aberglauben. (9) Deshalb habe ich die weitere Untersuchung aufgeschoben und mich beeilt, Dich zu konsultieren.*
>
> *(Plinius d. J., Briefwechsel mit Trajan, Ep. 10, 96)*

Trajans Antwort an Plinius:

Du hast, mein Secundus, bei der Untersuchung von Fällen solcher Personen, die bei Dir als Christen angezeigt worden waren, eine Verfahrensweise befolgt, wie Du musstest. Denn irgendetwas Allgemeingültiges, was gleichsam einen festen Rahmen böte, kann nicht festgelegt werden. Fahnden soll man nicht nach ihnen; wenn sie aber angezeigt und überführt werden, sind sie zu bestrafen, doch so, dass, wer leugnet, ein Christ zu sein, und das durch die Tat offenkundig macht, das heißt: durch Anrufen unserer Götter – wie verdächtig er auch im Hinblick auf die Vergangenheit bleibt –, Verzeihung auf Grund seiner Reue erhält.
(Plinius d. J., Briefwechsel mit Trajan, Ep. 10, 97)

Systematische Verbrechen konnte man den Christen nicht vorwerfen, also hat man sie auch nicht zur Fahndung ausgeschrieben und somit auch nicht von Staats wegen verfolgt. Mit Halsstarrigkeit nervten sie aber allemal. Es kam an verschiedenen Orten zu Massakern unter den Christen, so etwa 177/178 in Lyon (s. Kap. 8) mit schrecklichen Martern im Amphitheater, wo man die Christen den Tieren vorwarf oder sie im „eisernen Stuhl" röstete (Eusebius, Kirchengeschichte V 1, 38); nur diejenigen, die das römische Bürgerrecht besaßen, wurden (vorerst) verschont (Eusebius a. a. O. 44). Doch zugleich geht aus diesen Texten auch hervor, dass ein Martyrium für die Christen eine Erhöhung sei (s. Kap. 8). Es gibt Hinweise auf die Verurteilung zum Tod durch die wilden Tiere (*ad bestias*), wie Tertullian bezüglich eines Kampfes um christliche Friedhöfe in Karthago notiert (An Scapula 3, 5).

Systematische Verfolgungen

Kaiser Decius erließ im Jahre 250 ein allgemeines Opfergebot. Es umfasste die Spende von Weihrauch und Trankopfer sowie den Genuss von Opferfleisch – ein für Christen unerträgliches Ansinnen. Man konnte sich den Vollzug dieses Opfers bescheinigen lassen – oder sich auch eine solche Bescheinigung kaufen. Offensichtlich sollten mit diesem Edikt die alten staatstragenden Kulte wieder belebt werden. Kaiser Valerian (253–260) ging in dieselbe Richtung, wie der zu dieser Zeit amtierende Bischof Cyprian (Briefe 80) berichtet: Valerian hätte angeordnet, dass bei Nichtbeachtung „die Bischöfe, Presbyter und Diakone ohne weiteres hingerichtet werden sollen".

26 Das apokalyptische Lamm gilt in Anlehnung an die Offenbarung als Symbol Christi (hier auf einem ravennatischen Sarkophag). In späteren Darstellungen findet sich gern der Kelch, in dem das Blut der Seitenwunde aufgefangen wird – ein Abbild des Martyriums Christi.

Dieser Tendenz gebietet Gallienus, zeitweilig Mitregent Valerians, in einem Edikt des Jahres 260 Einhalt:

Ich habe befohlen, dass die Wohltat meines Gnadengeschenkes über die ganze Welt verbreitet werde, nämlich dass man sich von den Stätten, an denen Gottesdienste gefeiert werden, zurückziehen soll, und daher dürft ihr euch der Verordnung meines Reskripts bedienen, so dass euch niemand belästigen kann.
(Eusebius, Kirchengeschichte, VII 13)

Man kennt die Gründe für diesen Schritt nicht. Reicht es aus, dass die Frau des Herrschers Christin war? Eines steht zumindest fest: In den verbleibenden vierzig Jahren dieses Jahrhunderts verbreitete sich das Christentum so sehr, dass – wie Eusebius berichtet (VIII 1) – überall neue Kirchen gebaut werden mussten.

Das vierte Jahrhundert

Über die letzten Verfolgungen durch Diokletian (284–305) , die über die Maßen wüteten, ist viel geschrieben worden. Nach Eusebius (Kirchengeschichte VIII 2, 4) sollten die Kirchen zerstört und die Schriften verbrannt werden; notorische Bekenner des Christentums hätten die Freiheit zu verlieren. Doch viele verloren auch ihr Leben, so etwa Januarius – der Patron Neapels – oder die

heilige Afra, deren Reliquien in Augsburg verehrt werden. Diese Stadt entfaltete sich damit zu einem der frühen christlichen Zentren nördlich der Alpen.

Doch gegen dieses Wüten stellte sich Galerius mit einem Toleranzedikt, das die so bedeutsame konstantinische Wende – sie wird uns im folgenden Kapitel beschäftigen – vorwegnahm. Im Jahre 311 verfügte Galerius als Akt seiner eigenen Milde, Nachsicht gewähren zu lassen,

damit sie wieder Christen sein und ihre Versammlungsstätten wieder aufbauen können, jedoch so, dass sie nichts gegen die öffentliche Ordnung unternehmen.
(Laktanz, Über die Todesarten der Verfolger 34)

Damit endete das Kapitel der Christenverfolgung von Staats wegen. Wie viele Menschen dadurch tatsächlich starben, lässt sich nicht sagen. Wenn man sich vor Augen hält, dass die Quellen zu diesem Thema fast allesamt von christlichen Autoren stammen, die keineswegs zu Gunsten des römischen Staates sprechen wollten, wird rasch klar, dass möglicherweise die Zahl jener, die ihren Glauben verleugneten (Plinius spricht davon), größer war als die der standhaften Bekenner.

Doch wie dem auch sei: im vierten Jahrhundert bricht mit Kaiser Konstantin eine neue Ära für das Christentum an.

27 Die Tetrarchen – die vier gemeinsamen Herrscher des römischen Reiches – sind ein Ausdruck der Staatsideologie Kaiser Diokletians. Diese kostbare Porphyrgruppe ist in Venedig an einer Ecke des Markusdomes eingemauert; sie wurde während der Plünderungen der Kreuzfahrer im Jahr 1204 aus Konstantinopel geraubt. Links sieht man neben Diokletian jenen Herrscher Galerius, der sich vom Verfolger zum Dulder des Christentums wandelte.

Die konstantinische Wende oder: Der Sieg des Christentums 5

Die Nacht zum 28. Oktober 312 veränderte den Lauf der Welt. Konstantin I., Sohn des Constantius Chlorus, und Maxentius, Sohn des Maximian und Schwiegersohn von Galerius (s. Kap. 4), trafen an diesem 28. Oktober in Rom an der Milvischen Brücke aufeinander. Es ging um die Macht im westlichen Teil des römischen Reiches. Die verwickelte Vorgeschichte sei hier ausgeklammert. Entscheidend war der Sieg. Maxentius zog mit seinen Truppen vor die Stadt. Einem Orakel folgend, dass hier die Feinde Roms den Tod finden würden, erwartete er seinen Gegenspieler vor den Toren. Konstantin ging als Sieger aus der Schlacht hervor.

Er hatte in der Nacht vor der Schlacht eine Vision. Die beiden christlichen Autoren Laktanz († 325?) und Eusebius († um 340) überliefern sie etwas unterschiedlich, aber zeitnah. Es ist die berühmte Vision des Kreuzes (s. Kap. 11), die Laktanz so schildert:

> *Konstantin wurde im Schlaf ermahnt, das himmlische Zeichen Gottes auf den Schilden anzubringen und so die Schlacht zu beginnen. Er tat, wie ihm befohlen war, und indem er den Buchstaben X zur Seite drehte und die Spitze umbog, stellte er Christus auf den Schilden dar.*
>
> *(Laktanz, Über die Todesarten der Verfolger 44, 5)*

Laktanz wurde von Diokletian als Lehrer der Rhetorik an dessen Residenz in Nikomedien berufen. Dort lernte er vermutlich den späteren Kaiser Konstantin kennen. Kurz vor dem Ausbruch der Verfolgungen unter Diokletian im Jahre 303 konvertierte Laktanz zum Christentum. Er schreibt also mit einem klar definierten Interesse. Darf man die Zeugnisse von Laktanz und Eusebius (s. Kap. 11) so verstehen, dass Konstantin in dieser Nacht Christ wurde?

Die Hinwendung zum Christentum

Die Forschung hat diese Frage weder mit Ja noch mit Nein beantworten können. Ohne Zweifel war die Hilfe des christlichen Gottes für einen Mann, der sich bis dahin unter dem Schutz des Gottes Apollo-Sol wähnte, ein zutiefst bewegendes Ereignis. So ist man geneigt, den antiken Gewährsleuten darin zu folgen, dass Konstantin sich seit diesem Augenblick als Christ verstand. Es scheint, dass ein Medaillon des Jahres 315 den Kaiser mit dem beschriebenen Christus-Monogramm zeigt: Konstantin als Christ! Doch auf der Rückseite dieses anscheinend sehr seltenen Medaillons findet sich die altrömische Siegesgöttin. Die Inschrift auf dem Bogen Konstantins in Rom vermeldet einen Sieg über den Gegner dank „göttlicher Eingebung" – die konnte jede Religion auf sich beziehen. Außerdem blieb Konstantin im Amt des *pontifex maximus*, war also oberster Priester im althergebrachten Sinne: Konstantin als Christ?

Über Konstantins persönliches Befinden geben die Quellen keine eindeutige Nachricht. Auch die Tatsache, dass er sich erst auf dem Totenbett – er starb 337 – taufen ließ, darf nicht zu streng interpretiert werden; es kam in jener Zeit öfter vor, dass dem Christentum zuneigende Menschen ein Leben lang Katechumenen blieben, um mancherlei Verpflichtungen zu umgehen.

In jedem Falle hatte Konstantin allein schon durch seine Mutter Helena, die die Kreuzesreliquien wieder aufgefunden haben soll, eine hohe Affinität zum Christentum. Anders als Galerius (s. Kap. 4), der den Christen mit einem „naja –

28 Der Konstantins-Bogen in Rom feiert in einer langen Inschrift den Sieg des Kaisers über „den Tyrannen und seine Anhänger", also den Sieg über Maxentius im Jahre 312. Bei der Einweihung des Bogens im Juli 315 stand allerdings der politische Triumph im Vordergrund, also nicht etwa ein Bekenntnis zum Christentum.

29 Kaiser Konstantin – hier eine Statue in der römischen Bischofskirche San Giovanni in Laterano – ließ sich erst kurz vor seinem Tod im Jahre 337 taufen. Er trug aber schon mit den Konstitutionen von Mailand 313 maßgeblich zur Religionsfreiheit in seinem Reich bei. Späterhin leitete er – noch immer als Ungetaufter – seinen eigenen Herrschaftsanspruch vom Christengott ab.

aber wehe wenn" entgegen trat, machte Konstantin sich die Sache der Christen zu Eigen. Das Kreuz war spätestens ab dieser Zeit ein Siegeszeichen (s. Kap. 11).

Aber Konstantin steht auch für andere Veränderungen. Im Jahre 321 erließ der Kaiser ein Gesetz zur Wahrung der Sonntagsruhe: Beamte und Handwerker sollten an diesem ersten Tag der Woche – dem Tag der Eucharistiefeier (s. Kap. 9) – nicht arbeiten; nur die Bauern waren ausgenommen. So etwas hatte es zuvor noch nie gegeben! Den Juden galt der siebte Tag der Woche als Ruhetag, die Christen feierten am ersten Tag. Konstantin richtete also einen christlichen Feiertag ein. Mehr noch: In seiner Regentschaft erlebte der Bau neuer Kirchen einen ungeahnten Aufschwung. Der konstantinischen Zeit verdankt Rom so bedeutende Kirchen wie die Lateran-Basilika, die alte Peterskirche im Vatikan oder die erste Paulus-Kirche vor den Mauern Roms (s. Kap. 2). In der alten Residenzstadt Trier sind noch heute die Spuren der konstantinischen Kirche im Dombau zu sehen (s. Abb. 30).

Ein Iota Unterschied

Konstantin mischte sich – bisweilen ungefragt – auch in die theologischen Debatten seiner Zeit ein. Eine der sehr bedeutenden Fragen war die nach der Natur Christi: War Christus Gott oder war er Mensch? In Alexandria fanden sich zu Beginn des vierten Jahrhunderts zwei Theologen, die Gegensätzliches verkündeten. Der eine von ihnen namens Arius vertrat nachdrücklich die Lehre, Christus sei ein Geschöpf Gottes, und als Geschaffener sei er nicht wesensgleich, sondern nur wesensähnlich. Die orthodoxe Lehre, vertreten zum Beispiel durch Alexander, hielt an der Wesensgleichheit fest. Dieser Streit, der auf hohem Niveau eskalierte, hatte späterhin – theologisch gesehen – weit reichende Folgen mit der Auseinandersetzung über die Ein- und Zweiwesenlehre; darüber zerbrachen im fünften Jahrhundert Ost- und Westkirche (s. Kap. 6).

Es ist verständlich, dass der Kaiser ein direktes Interesse an der Lösung dieses Konfliktes hatte. Zum einen war er nach seinem Sieg über Licinius Alleinherrscher und somit zuständig für Ruhe und Ordnung in den Gebieten, die zuvor Licinius verwaltet hatte. So berief Konstantin das Konzil von Nizäa (Kleinasien) im Jahre 325 ein, um diesen dogmatischen Streit beizulegen. Man entwickelte eine Glaubensformel, die besagte, dass Gott und Christus wesensgleich seien (s. Kap. 4). Erweitert wurde sie durch das Bekenntnis „wahrer Gott vom wahren Gott" und dann mit der gegen Arius gerichteten Formel „gezeugt und nicht geschaffen" versehen. So entstand – unter dem Vorsitz eines nicht getauften Kaisers – das Glaubensbekenntnis von Nizäa, auch genannt das „apostolische Glaubensbekenntnis". Außer Arius unterzeichneten nahezu alle Bischöfe diese Formel, die wir heute noch kennen.

Arius wurde exkommuniziert. Doch seine Lehre war damit keineswegs vom Tisch. Bischof Eusebius von Nikomedien (Kleinasien) tendierte zum Arianismus – und er weihte Wulfila zum Missionsbischof bei den Goten. Seit etwa 341 amtierte Wulfila dort. Dank seiner Kenntnisse der gotischen Sprache konnte er die Bibel ins Gotische übersetzen. Über seine den Arianern nahe stehende Haltung beeinflusste er die Goten, so auch Theoderich, aber auch andere germanische Stämme wie die Langobarden (s. Kap. 8), denen später ihr Arianismus als Heidentum angerechnet wurde. Justinian zog gegen die Goten in Oberitalien zu Felde – eben weil sie Arianer seien.

Die beim ersten ökumenischen Konzil von Nizäa entwickelte Formel betonte die Wesensgleichheit – griechisch: *homo-ousia*. Die Arianer hielten einen anderen Begriff für richtig: den der Wesensähnlichkeit – griechisch: *homoi-ousia*. Ein Iota – der kleinste Buchstabe des griechischen Alphabets – macht den Unterschied.

Der Weg zur Staatskirche

Konstantin war über die Maßen engagiert in seiner Kirchenpolitik. Bezüglich des arianischen Streites hat man übrigens auch den folgenden Gedanken erwogen: Als *Augustus* auf dem Thron stand er in bester Tradition etlicher Vorgänger, die als Herrscher eine gewisse Göttlichkeit beanspruchten. Doch in diesem Falle hätte er der Position des Arius zuneigen sollen: Sich mit einem Christus, der Gott nur wesensähnlich ist, verknüpfen zu wollen wäre leichter zu vermitteln gewesen als wenn Konstantin sich mit einem Christus identifiziert hätte, der gottgleich gedacht wird. Doch auch das ist ein Rätsel in der Person Konstantins, das sich so nicht lösen lässt.

Konstantin hat der christlichen Kirche ganz entschieden den Weg geebnet. Aber er hat nach der Wende vom Oktober 312 keine christliche Staatskirche geschaffen. Das geschah erst zwei Generationen später unter Theodosius I.

30 Unter der Regierung Kaiser Konstantins entstanden viele Kirchen. In Trier teilen sich die Mauern der konstantinischen Basilika noch im heutigen Dom mit. Das römische Ziegelmauerwerk hebt sich deutlich von den anderen Gebäudeteilen ab.

Man schätzt, dass zur Zeit Konstantins der Anteil der Christen an der Gesamtbevölkerung etwa 16 Prozent betrug. Die Christen verteilten sich über alle Gesellschaftsschichten. Es gab auch keine so scharfe Trennung zu dieser Zeit zwischen christlicher und nicht-christlicher Kunst. Ein Beispiel: Man weiß von einem römischen Stadtpräfekten namens Iunius Bassus, der im Jahre 359 starb. Sein Sarkophag in den Vatikanischen Museen in Rom ist von christlichen Themen getragen – Gefangennahme Petri, der thronende Jesus, Adam und Eva –, in der Anlage als Säulensarkophag aber von heidnischen Vorbildern bestimmt. Der Vater dieses Mannes, ein

31 Nach dem Ende der Verfolgungen hatte Rom mit Iunius Bassus († 359) einen christlichen Stadtpräfekten. Sein herausragender Sarkophag in St. Peter in Rom zeigt alt- und neutestamentliche Szenen: oben das Opfer Abrahams, die Gefangennahme Petri, Christus über dem Himmel thronend und Christus vor Pilatus; unten: der aussätzige Hiob, der Sündenfall, der Einzug Christi in Jerusalem, Daniel in der Löwengrube und das Martyrium Pauli.

32 Auch der Ostgote Theoderich der Große († 526) hielt wie viele Germanen am arianischen Glauben fest, war jedoch dem Katholizismus gegenüber offen. Ob allerdings das griechische Kreuz an der Decke seines Mausoleums zum originalen Bestand gehört oder später eingefügt wurde, ist nicht leicht zu sagen.

Christ, erteilte den Auftrag zur Gestaltung eines marmornen Fußbodens in einer Basilika; die Darstellung verwob heidnische Mythen und ägyptische Gottheiten.

Nicht immer führte der Weg im Sinne des Christentums geradlinig weiter. Dem Kaiser Constantius II. folgte 361 n. Chr. sein Schwager Julian Apostata – Julian der Abtrünnige – auf den Thron. Er, der 355 in Mailand zum Caesar bestellt und später von Truppen in Paris zum Augustus ausgerufen worden war, wurde als „Neuschöpfer des Staates" und als „Wiederbegründer der römischen Religion" gefeiert. Beim Antritt seiner Regentschaft als alleiniger Kaiser rief er den Gott Helios an, den er „am meisten unter allen Göttern um seinen Beistand angefleht" habe. Doch bei aller Restauration der alten Kulte ließ er den Christen einen Freiraum:

> *Es ist bei den Göttern mein Wille, dass die Galiläer (Christen) weder getötet noch zu Unrecht geschlagen werden noch sonst eine Unbill erleiden; jedoch erkläre ich, dass die Verehrer der Götter (Heiden) durchaus den Vorrang vor ihnen haben müssen.*
>
> *(Julian, Ep. 83)*

Die Regentschaft von Kaiser Theodosius (379–395) gründete zunächst auf einer militärischen Karriere. Doch Theodosius, der als christlich-frommer Mann beschrieben wurde, folgte seinem Vorgänger, indem er den Titel des obersten Priesters ablegte. Er brach mit der arianischen Haltung und begann, Häretiker zu verfolgen. Durch ihn erhielten die Beschlüsse des zweiten ökumenischen Konzils von Konstantinopel im Jahre 381 Gesetzeskraft. Damit wurde unter Theodosius die christliche Kirche zur Staatskirche erhoben.

Theodosius hatte im Bischof Ambrosius von Mailand im wahrsten Sinne des Wortes einen Mit-Streiter. Denn genauso wie der Herrscher zum Jähzorn neigte, konnte Ambrosius aufrechten Hauptes gegen ihn angehen. Als im Frühjahr 390 im heutigen Saloniki ein militärischer Befehlshaber ermordet wurde, gab Theodosius den Befehl, das gesamte Volk im Zirkus dort töten zu lassen. Ambrosius wies den Regenten zurecht: Angesichts tausender unschuldiger Opfer sei sein Urteil Sünde; ohne einen öffentlichen Akt

33 Die Kaiserin Theodora, Gemahlin Kaiser Justinians, wird auf diesem zeitgenössischen ravennatischen Mosaik (San Vitale, 6. Jh.) als Förderin des Christentums ausgewiesen, wie die drei morgenländischen Weisen auf dem Saum ihres Gewandes zeigen.

der Buße werde er – der Bischof – keinen Gottesdienst mehr in Anwesenheit des Herrschers halten. Erst nach der Kirchenbuße ließ Ambrosius den Kaiser zu Weihnachten 390 wieder zum Altarsakrament zu.

Augustinus

Es ist nicht das erste Mal, dass in diesem Buch von Augustinus die Rede ist (s. Kap. 1). In Kurzform ein paar Daten zu diesem bedeutenden Mann: Aurelius Augustinus (354–430) stammte aus Tagaste in Numidien (Nordafrika). Er studierte und lehrte Rhetorik und Philosophie, angeregt durch Cicero. Sein Weg führte ihn von Tagaste über Karthago nach Rom. 384 findet man ihn als Rhetoriklehrer in Mailand. Dort traf er als langjähriger Anhänger der Sekte der Manichäer mit Ambrosius zusammen. Es folgten 386/387 Bekehrung und Taufe durch Ambrosius. Nach Aufenthalten in Cassiciacum und Rom kehrte Augustinus nach Nordafrika zurück. 391 wurde er Priester in Hippo, 395/ 397 dort Bischof. Er starb 430. Sein Grab befindet sich heute in Pavia (s. Kap. 8).

Augustinus war einer der ganz großen Gelehrten der frühchristlichen Zeit. Man verehrte ihn als Bischof, als Kirchenlehrer und als Vermittler zwischen antiker Tradition und Christentum. Er trat als Verteidiger des Christentums auf in seiner Schrift „Gottesstaat", verfasst anlässlich der Eroberung Roms durch Alarich 410. Seine *„Confessiones"* (Schilderung seines Lebens bis 387) stellen die älteste erhaltene Autobiografie der europäischen Literatur dar.

Die Kirche war jetzt im römischen Reich gut etabliert. Die Mission im westlichen Mitteleuropa wird später bedeutsam sein (s. Kap. 8). Verschiedentlich lebte man in großer religiöser Toleranz miteinander. Ein herrliches Beispiel dafür ist die Stadt Ravenna. Es gab (und gibt noch heute) ein Taufhaus für die Orthodoxen und wenig weiter eines für die Arianer (s. Abb. 97 und 98). Das Mausoleum des arianischen Königs Theoderich († 526) ist ebenso erhalten wie die Stiftung des frommen Kaisers Justinian I. (Regierungsantritt 527): die wunderschöne oktogonale Kirche San Vitale mit ihren Mosaikteppichen.

34 Eine der großartigen Kirchen, die den Siegeszug des Christentums für jedermann deutlich machten, ist der oktogonale Komplex San Vitale in Ravenna (6. Jh.).

6 Frühchristliche Frömmigkeit und das frühe Mönchtum im Orient

Es mag erstaunlich klingen: Noch in der Sprache Luthers hat das Wort „fromm“ in der Regel einen anderen Hintergrund als wir es kennen. Die heute ungebräuchliche Formel „zu Nutz und Frommen“ bedeutet den Vorteil, den Nutzen, nicht aber eine persönliche Einstellung. Ein „frommer Mensch“ meinte bis an die Schwelle der Neuzeit im deutschen Sprachraum einen tüchtigen, tapferen, rechtschaffenen Zeitgenossen. Erst in der neuhochdeutschen Sprache verstand man „fromm“ im Sinne von fügsam, artig. Unser heutiger Begriff der Frömmigkeit im Sinne von Ehrfurcht gegenüber Gott oder Göttern, auch gegenüber Eltern zum Beispiel, ist also selbst gegenüber der Luther-Bibel verhältnismäßig neu.

Im antiken Sprachgebrauch umfasste der Begriff der Frömmigkeit neben der persönlichen Einstellung auch immer eine politische Komponente. Denn „Frömmigkeit“ einzufordern war auch eine Sache der staatlichen Autoritäten, sie zu verweigern zog eine Anklage wegen Gottlosigkeit nach sich. Das Neue Testament beschreibt genau diesen Inhalt in den sog. Pastoralbriefen – es sind Briefe, die nicht an eine Gemeinde, sondern an deren Hirten gerichtet sind – mit der Aufforderung zum Gebet

> *für die Herrscher und für alle,*
> *die Macht ausüben, damit wir in aller*
> *Frömmigkeit und Rechtschaffenheit*
> *ungestört und ruhig leben können.*
>
> *(1 Tim 2, 2)*

Die Frömmigkeit – der griechische Begriff der *eusébeia* bedeutet etwa: die gute oder schöne Ehrfurcht – wird dem Menschen erst durch die Gnade Gottes zuteil (Tit 2, 11–12). In späterer Zeit zieht man den Umkehrschluss: Erst die Frömmigkeit ermöglicht die Erkenntnis Gottes. So ist es schon ein vielschichtiger Begriff, der in diesem Kapitel auf zwei etwas unterschiedliche Bereiche der privaten Frömmigkeit aufmerksam machen soll: zum einen die Nachahmung von

35 Die Marienverehrung, die es anfänglich im Christentum nicht gab, nahm immer bedeutendere Züge an bis hin zur Krönung Mariens im Himmel, wie hier in dem herrlichen Mosaik des 13. Jahrhunderts in Santa Maria Maggiore in Rom zu sehen ist.

36 Die Mosaiken des Apsisbogens von S. Maria Maggiore in Rom (wohl 4. Jh.) verbinden Maria mit der Kindheitsgeschichte Jesu, zum Teil dem Pseudo-Matthäus-Evangelium folgend. Das obere Register zeigt rechts des leeren Thrones im Himmel die Darstellung im Tempel sowie die im Traum an Josef ergangene Aufforderung zur Flucht; darunter eine Geschichte von Jesus in Ägypten vor Aphrodisius; das dritte Register zeigt die Magier vor Herodes; darunter die Stadt Bethlehem und sechs Lämmer.

Kulten, die man in der Umgebung vorfindet und zum anderen die Nachahmung der Leiden Christi, die zu einem Leben als Säulenheiliger oder als Mönch führen kann. Sehr bald nehmen beide Formen der Nachahmung öffentlichen Charakter an.

Was die andern haben …

Manchmal war es schon etwas heftig, was die Religion der frühen Christen ihren Anhängern abverlangte. Einige der Ge- oder Verbote, etwa bezüglich des Opferverhaltens, führten in die gesellschaftliche Isolation und zur Anklage des Atheismus (s. Kap. 9). Die anderen schwelgten in ihren Festen für ihre Götter; das konnte auch einem aufrechten Christenmenschen zu Denken geben. Kurz gesagt: Ganz allmählich übernahmen die Christen Dinge aus ihrer Umgebung, die keine biblische Untermauerung hatten. Bei den Symbolen etwa gehören das Labyrinth oder auch das Osterei dazu (s. Kap. 11). Man verwehrte es ihnen nicht immer, denn mit einer gewissen Toleranz gegenüber paganen Einflüssen erreichte man eher, dass die Menschen in der Kirche blieben, als mit sturen Verboten. Schließlich hat man auch das Fest der Geburt Christi mit dem Tag der Geburt des heidnischen Gottes Mithras zusammengebracht (s. Kap. 8).

Eine große Anziehungskraft übten die heidnischen Kulte der Muttergottheiten auf die Christen aus. Sie übertrugen die davon ausgehenden Impulse auf Maria, die Mutter Jesu. Aus dem Neuen Testament erfahren wir nicht viel über sie: Sie empfing das Kind durch den Heiligen Geist (Mt 1, 18; Lk 1, 35), und sie wurde unter dem Kreuz dem Lieblingsjünger Johannes anvertraut (Joh 19, 26). Doch ihre später so detailliert ausgemalte Lebensgeschichte findet sich nur in den *„Apokryphen"*: Ihre Eltern Anna und Joachim, ihr Tod, ihre Himmelfahrt, ihre Krönung sind allesamt außerbiblische Zutaten.

37 Der Überlieferung nach kam Maria mit dem hl. Johannes, dem Lieblingsjünger Jesu, nach Ephesos. Das (vermeintliche) Haus der Jungfrau Maria ist jetzt eine Kapelle. An Johannes erinnert eine Memoria, die vorn im Bild zu sehen ist.

38 Artemis, die Stadtgöttin der Ephesier (hier eine Statue des 2. Jahrhunderts n. Chr. im Museum von Ephesos), die jungfräuliche Jägerin und Beschützerin der Tiere, Symbol der Fruchtbarkeit, wurde von Maria entthront, die 431 auf dem Konzil von Ephesos zur Gottesgebärerin erklärt wurde.

39 Eine wunderschöne Weihnachtsgeschichte erzählt dieser Sarkophag des 4. Jahrhunderts in Arles: das Wickelkind in der Krippe vor den in der Bibel nicht erwähnten Tieren; Maria – zu dieser Zeit noch nicht zur Gottegebärerin erklärt – und Josef schauen auf das Kind. Die Magier weisen auf den Stern.

So wird immer deutlicher, dass die Gestalt Mariens allmählich überhöht wurde. Schon zur Zeit der Entstehung der Marien-Legenden verstand man sie als Gottesgebärerin (s. Kap. 1). Offiziell verlieh man ihr den Titel aber erst auf dem Konzil von Ephesus im Jahre 431. Zufall oder nicht? In Ephesus hielt sich sehr lange der alles überragende Kult der Göttin Artemis. Paulus bekam das zu spüren (Apg 19, 23ff.; s. Kap. 2). Maria verdrängte, entthrohnte diese ephesische Artemis – ein alter Kult wurde durch einen neuen (und neu geschaffenen) ersetzt. Später identifizierte man ein Heiligtum auf dem Nachtigallenberg als das Haus Mariens.

Ägyptens Kultur brachte weitere Einflüsse. Unter den Römern verbreitete sich allmählich der Kult der Göttin Isis. Das Bild dieser ägyptischen Muttergottheit – der stillenden Isis – übertrug die christliche Kunst nahezu ohne Änderung auf den Bildtypus der so genannten *Maria lactans* (s. Kap. 1).

In der Nachfolge Christi

Zu Beginn des zweiten Jahrhunderts setzen sich Tendenzen durch, die – zunächst ebenfalls im Bereich der privaten Frömmigkeit angesiedelt – eine ungemein große Wirkung entfalteten. Um die ganze Vielfalt der Ereignisse zu würdigen, ist hier nicht der Raum; sie sollen aber auch nicht übergangen werden. Es ging um die Frage der Nachfolge Christi, genauer: der Nachahmung. Denn Nachfolge bedeutete die freiwillige Nachahmung des Leidens Christi. Sie hatte zum Ziel, den Asketen (das ist derjenige, der sich in der Nachfolge „übt") der göttlichen Natur Christi – so denn überhaupt möglich – gleich zu machen. Mit einer solchen Bereitschaft gewinnt ein Martyrium eine ganz neue, überhöhende Qualität (s. Kap. 4).

Eine Form dieser Askese wurde im fünften Jahrhundert durch den Syrer Simeon begründet. Es war das Leben auf einer Säule, das er der Überlieferung nach tatsächlich etwa dreißig Jahre führte! Höchst unbequem auf einer Fläche von nur wenigen Quadratmetern, Wind und Wetter ausgesetzt, verrichtete er seine Andachten dort oben, wo er Gott schon ein kleines Stück näher war. Später entstand ein Kloster an dieser Stelle zum Andenken an diesen ersten Säulenheiligen.

Gelehrte Streitigkeiten

Reibungspunkte gab es zuhauf in einer sich beständig weiter entwickelnden Welt. Theologischer Streit entbrannte immer wieder um die Frage nach der Person Jesu. Sind denn Gott und Christus eins? Die Position, die der Presbyter Arius vertrat – Wesensähnlichkeit statt Wesensgleichheit – ließ die Kirche erbeben (s. Kap. 5). Denn diese Frage wurde auch zu anderen Zeiten und unter anderen Vorzeichen diskutiert. Auf den Punkt gebracht lautete sie: Sind Gott und Christus ein Wesen oder zwei Wesen? Diese einfache Frage führt schnell in die Aporie. Denn wenn Gott und Christus ein Wesen sind (bei dieser Lehre spricht man vom *Monophysitismus*), muss man die Frage stellen, wie denn Christus am Kreuz gestorben sein konnte – dann wäre auch Gott gestorben! Gott kann aber nicht sterben. Wenn aber Gott und Christus zwei Wesen sind (die Lehre vom *Dyophysitismus*), erhebt sich die Frage, wie denn Christus für Gott sprechen und handeln, also befugt für ihn eintreten konnte. 126 Jahre nach dem Konzil von Nizäa (s. Kap. 5), auf dem vierten ökumenischen Konzil von Chalkedon im Jahre 451, trennten sich die Kirchen unter dem Druck dieser Auseinandersetzungen: Die westliche Kirche, zu der auch der kleinasiatische Raum gehörte, entschied sich für die Zweinaturenlehre, während die ägyptische (koptische) Kirche unter der Leitung des Abtes Schenute von Sohag dem Monophysitismus treu blieb – was sich bis heute nicht geändert hat.

Anachoreten und Koinobiten

Kann man es den Menschen verdenken, wenn sie sich unter solchen Umständen vom Schauplatz des Kampfes zurückziehen? Viele entfernten sich ganz gründlich: Sie stiegen vom Niltal hoch in die Wüste – das bezeichnet man mit dem Wort *Anachorese* –, um sich dort in der Einöde zurückzuziehen. Das Ziel der Askese – das bedeutet: Übung – war die Meditation in der Stille, um völlig ungestört an Christus denken und ihm auf diese Weise nachfolgen zu können. Manche dieser Eremiten (griechisch *eremía*: Einsamkeit, Zurückgezogenheit) kamen zu bestimmten Zeiten in die Siedlungen zurück, um Schüler zu unterrichten. Einer der bedeutendsten Vertreter dieser Lebensform war der aus Mittelägypten stammende Antonius. Nach dem Tod seiner Eltern verteilte er um 270 seinen beträchtlichen Besitz, um in der Einsamkeit zu leben; zunächst noch in der Nähe seines Dorfes,

40 In der kleinen Kreuzkuppelkirche „La Cattolica“ in Stilo (Kalabrien) zeigt die Wand gegenüber der Apsis die ergreifende Darstellung des Todes Mariens (wohl 10. Jh.).

41 Private Frömmigkeit konnte sich auf vielfältige Weise äußern. Der hl. Simeon († 459) zog sich in Syrien auf eine Säule zurück, um in der Höhe seine Andachten zu verrichten. Noch im 5. Jahrhundert erbaute man eine kreuzförmige Kirchenanlage um einen oktogonalen Hof, in dessen Zentrum die Säulenbasis noch erhalten ist.

42 Die Kirche in Ägypten trennte sich im Streit über die Ein- oder Zwei-Wesen-Lehre Christi von der Westkirche ab. Abt Schenute von Sohag – hier ein Blick in die Kuppel der Kirche – verfasste um 451 eine eigene Mönchsregel.

dann weiter entfernt am Roten Meer. Als Antonius im Jahre 356 starb, hatte er insgesamt 86 Jahre als Eremit gelebt und gewirkt.

Bisweilen lebten die Anachoreten in kleinen Kolonien zusammen. Doch jeder wählte die Lebensform, die ihm genehm war oder die er von seinem Meister gelernt hatte. Das änderte sich unter einem Schüler von Antonius namens Pachomius. Dessen Bekehrung fällt in die Jahre um 312. Es scheint, dass Pachomius erstmals eine Gemeinschaft der Eremiten formte. Dieses gemeinschaftliche Leben (griechisch: *koinos bios*; daher spricht man vom Koinobitentum) in einem abgeschlossenen Bereich – einem Kloster – war einer Regel unterworfen, die das zweimalige tägliche Gebet und die gemeinsamen Mahlzeiten regelte, aber auch Fasten und Nachtwachen einbezog. Dem Gehorsam gegenüber dem Leiter kam grundlegende Bedeutung zu.

Pachomius starb 346, also zehn Jahre früher als sein Lehrer. Bei seinem Tod zählte man bereits neun Männer- und drei Frauenklöster. Mit Recht darf man Pachomius als den Begründer eines Ordens – des ersten christlichen Mönchsordens – mitsamt einer Regel für das Zusammenleben betrachten. Das Mönchtum entstand am Nil – etwa zweihundert Jahre, bevor Benedikt von Nursia die entscheidenden Akzente in Europa setzte, die dann das ganze Mittelalter hindurch Bestand hatten.

43 Die Tradition hält sich in Ägypten: Mönche in Wadi Natrun bei der Zubereitung der heiligen Öle.

Benedikt von Nursia und das abendländische Mönchtum

7

Die überragende Gestalt Benedikts beherrschte das Mönchtum während des ganzen Mittelalters. Dieser große Geist wurde zum „Symbol abendländischer Kultur" – so der Untertitel einer gewichtigen Würdigung dieses „Vaters des Abendlandes". Sein Kloster auf dem Monte Cassino – einer markanten Anhöhe zwischen Rom und Neapel – lag nach dem zweiten Weltkrieg in Trümmern. Papst Paul VI. weihte die nach alten Plänen wieder aufgebaute Abteikirche im Oktober 1964. Dabei begründete er, warum Benedikt, der „Lehrmeister der Kultur und der Zivilisation" und „Begründer des abendländischen Mönchtums", zum „Patron ganz Europas" ausgerufen worden sei: Allein schon die große Bedeutung, die dem benediktinischen Mönchtum für die Christianisierung des Kontinents eigen sei, rechtfertige diesen neuen Titel *Patronus totius Europae*. In der Tat war das europäische Mönchtum bis in das Hochmittelalter überwiegend benediktinisch ausgerichtet; andere Regeln wie etwa die Augustins oder solche orientalischer Herkunft spielten dagegen kaum eine Rolle.

44 Norcia in Umbrien ist als Heimatort Benedikts eine bedeutende Pilgerstätte. Diese Kirche steht über seinem Vaterhaus. In den Statuennischen neben dem Portal sind der hl. Benedikt (rechts) und seine Schwester, die hl. Scholastika, dargestellt.

Norcia – Rom – Subiaco

Kein Augenzeuge notierte die Ereignisse der Lebenszeit Benedikts. Vielmehr verdanken wir die einzige Quelle zu Benedikts Leben jenem Papst Gregor dem Großen, der in der Mission neue Akzente setzte (s. Kap. 8). Etwa ein halbes Jahrhundert nach Benedikts Tod beschrieb Gregor im zweiten Buch seiner „Dialoge", abgefasst 593–594, das Leben eines Heiligen, der weder zeitlich noch räumlich weit entfernt war. Das war Erbauungsliteratur, keine Faktensammlung.

Um 480 kamen die Zwillinge Benedikt und Scholastika als Kinder einer wohlhabenden römischen Familie in Umbrien zur Welt. Der Geburtsort Norcia, ein idyllisches Städtchen in waldreicher Umgebung, soll seinen antiken Namen *Nursia* einer etruskischen Glücksgöttin zu verdanken haben. Hier sind noch heute unter der Kirche San Benedetto die Reste eines römischen Hauses zu sehen. Der Überlieferung nach handelt es sich dabei um das Elternhaus von Benedikt und Scholastika. Die Kirche wurde verschiedentlich wieder aufgebaut. Den Zugang gewährt ein gotisches Portal, flankiert von den Statuen der beiden Heiligen Benedikt und Scholastika. In der Krypta findet sich der Zugang zu den Resten des altrömischen Hauses.

Als junger Mann verließ Benedikt Norcia und begab sich nach Rom zum Studium. Es deutet alles darauf hin, dass Benedikt in der Hauptstadt keine ihm gemäße Lebensweise finden konnte. Was wirklich passierte, ist nicht klar. In jedem Falle verließ Benedikt Rom – ob im Zorn oder aus Enttäuschung, bleibe dahingestellt –, um als Eremit zu leben. In der Bergeinsamkeit von Subiaco, östlich der Metropole gelegen, brachte der Mönch Romanus ihm den Eremitenhabit. Dort unterwies er Bauern in der christlichen Lehre und gab den Auftrag zum Bau von zwölf Klöstern. Diese Anlagen sind nahezu alle abgegangen. Es bestehen noch das Kloster der Heiligen Scholastika, das im Grundbestand auf die Zeit Benedikts zurückgeht und das demgegenüber jüngere Kloster Benedikts. In diesem wird die Grotte gezeigt, in der der Heilige als Einsiedler lebte.

45 Zwölf Klöster hat Benedikt der Überlieferung zufolge in Subiaco begründet. Die meisten dieser Anlagen sind abgegangen. Hier ein Blick auf das Benedikt-Kloster, das über jener Grotte entstand, in der Benedikt als Eremit lebte.

Lässt man einmal die Wundertaten beiseite – nur ein Beispiel: Benedikt habe eine Flasche Wein, die ein Junge versteckt gehalten habe, in eine Schlange verwandelt –, ergibt sich das Bild eines Mannes, der während der zwei bis drei Jahrzehnte in Subiaco sehr viel bewirkte. Er unterrichtete und missionierte, wurde zum Abt gewählt, baute eine treue Schar von Schülern auf und schickte sie in die Welt – Maurus nach Frankreich und Placidus nach Sizilien. Seine unglaubliche Selbstdisziplin muss großen Eindruck auf seine Umgebung gemacht haben.

Monte Cassino und die Regel

Erneut entschied sich Benedikt, die Einsamkeit zu suchen. Sein Weg führte ihn und seine Schwester auf den Monte Cassino. Auch hier musste der Eremit erst einmal missionieren und die alten Götter stürzen. Um 529 gründete er sein neues Kloster in dem Bereich eines alten Apollo-Tempels; besser lässt sich die Größe des neuen Gottes kaum demonstrieren (s. Kap. 12)!

46 Der hl. Benedikt wirft sich in den Dornbusch, um den Verlockungen des Bösen zu widerstehen. Fresko im Benedikt-Kloster in Subiaco.

Hier oben verfasste Benedikt seine Regel zum mönchischen Leben in 73 Kapiteln. Es gab Vorstufen dazu, so die Regel des Pachomius (s. Kap. 6). Man weiß, dass Benedikt etliche ältere Regeln kannte, so etwa die basilianische, entstanden um 360. Benedikt erwähnt sie ausdrücklich im letzten Kapitel (73, 5) als „Regel unseres heiligen Vaters Basilius“. Außerhalb des Orients fanden sich ebenfalls vorbenediktinische Klöster, so etwa in Gallien. Davon soll später die Rede sein (s. Kap. 8: Martin von Tours). Mit Sicherheit nahm Benedikt Impulse auf, die von dem orientalisch beeinflussten Mönchtum in Lérins bei Cannes ausgingen (s. Kap. 8). Dort hatte man die kultischen Handlungen zugunsten der Handarbeit auf täglich drei Stunden eingeschränkt – eine pragmatische Regelung, wie sie seit Benedikt üblich wurde.

Mit der Arbeit, die Benedikt ganz im Geist der Demut den Mönchen zumutete, eröffnete sich eine neue Welt. Denn in der Antike war die Arbeit eine Sache der Sklaven. Arbeit im christlichen Sinn aber ermöglicht karitatives Wirken, die Umsetzung des Gedankens der Nächstenliebe (s. Kap. 1). Benedikt kehrte sich damit vollkommen von der Welt der Antike ab und setzte die Zeichen für eine neue Ära. Klöster entfalteten sich in jedem Falle zu lokalen Zentren, in denen Kranke gepflegt, Unterricht erteilt und das Wissen der Zeit kompiliert wurden. Unter diesem Aspekt war schon die Einrichtung eines Klosters ein Akt der Nächstenliebe. Wenn für den Bau der Wald gerodet wurde und die Knochenarbeit des Steineschleppens anstand, wurden diese Belastungen zu gottesdienstlichen Aufgaben. Deswegen mahnte Benedikt die Mönche, bei der Arbeit nicht traurig zu sein (Regel 48, 7). Der Anfang dieses Kapitels der Regel kennzeichnet jene Gleichstellung von Gebet und Arbeit, die in der kurzen Formel *ora et labora* – bete und arbeite – zum Ausdruck kommt. Diese Worte sind weltweit bekannt; sie stehen aber nicht wörtlich in der Regel, wohl aber dem Geiste nach:

> *Müßiggang ist der Feind der Seele; deswegen sollen die Brüder zu bestimmten Zeiten mit der Handarbeit, wiederum zu bestimmten Zeiten mit der heiligen Lesung beschäftigt sein.*
> *(Regeln, Kap. 48, 1)*

In allem, auch in der Arbeit, die ein Teil der Askese ist, soll der Mönch Gott verherrlichen (57, 9). Und nur wer hart arbeitet, sei auch in der Lage zu echtem Gebet und zu wirklichem Gotteslob. Eine solche Vorstellung öffnet natürlich auch der Willkür die Tür. Doch das muss der

Abt, der im Kloster die Stelle Christi vertritt (2, 2), zu verhindern wissen, weil das nicht der Weisung des Herrn entspreche (2, 4). Der Abt muss „Menschen führen“ und darüber „Rechenschaft ablegen“ (2, 37). – Man findet in dieser Regel erstaunlich Neues gegenüber den Gedanken der Zeit, dazu eine Fülle von Ermahnungen, aber auch mancherlei harte Regulierung. Dazu noch ein paar Beispiele aus der Regel.

Zu den Tugenden wie Gehorsam und Schweigsamkeit gehört auch die Einhaltung des Chorgebetes:

> *Wie der Prophet sagt: „Ich lobe dich des Tages siebenmal.“ Diese geheiligte Siebenzahl erfüllen wir dann, wenn wir zur Zeit des Frühgottesdienstes, der Prim, Terz, Sext, Non, Vesper und Komplet unsere Dienstpflicht erfüllen. ... Vom Nachtgottesdienst jedoch sagt der gleiche Prophet: „Um Mitternacht erhebe ich mich zu deinem Lobe.“*
>
> *(Regeln, Kap. 16, 1–2)*

Was besagen diese Angaben der ersten, der dritten usw. Stunde? In Norcia haben die Benediktiner in der Kirche eine Tafel aufgestellt, die für den allgemeinen Tagesablauf folgende Zeiten notiert:

04:15	Matutin
06:00	Laudes
07:30	Prim
08:30	Messa Conventuale
09:30	Terz
12:45	Sext
14:45	None
17:30	Vesper
19:45	Complet

Und dann spricht Benedikt noch vom Lobpreis um Mitternacht. Schlafentzug ist da vorprogrammiert. Angekleidet sollen sie schlafen, jederzeit bereit zum Gottesdienst. Und sie sind alle zusammen:

> *Ist es möglich, so sollen alle im gleichen Raume schlafen. Lässt dies aber die große Anzahl nicht zu, so schlafen je zehn oder zwanzig zusammen mit den Älteren, die die Aufsicht führen.*
>
> *(Regeln, Kap. 22, 2)*

So leben die Mönche im Kloster – ist das nicht ein Widerspruch in sich? Zwar ist das Kloster – eine Klausur – ein abgeschlossener Bereich, doch die Mönche leben dort nicht allein. Wie ein Eremit ein in der Einsamkeit Lebender ist (s. Kap. 6), sollte ursprünglich auch ein Mönch (griechisch: *monos*) allein leben. Doch Benedikt sieht große Schlafsäle (die *Dormitorien*) für die Gemeinschaft vor.

Es werden noch viele Einzelheiten in dieser Regel beschrieben, begleitet von Anweisungen und immer wieder dem Gedanken der Demut. Dem Cellerar wie dem Pförtner gelten umfangreiche Pflichtenhefte. Doch auch der kranken Brüder wird gedacht:

> *Man weise kranken Brüdern eine eigene Zelle und einen gottesfürchtigen, eifrigen und besorgten Wärter zu. Man gebe den Kranken Gelegenheit zu Bädern, sooft es für sie förderlich ist; den Gesunden aber, und besonders den jüngern, gestatte man es seltener.*
>
> *(Regeln, Kap. 36, 7–8)*

47 Das Kloster der hl. Scholastika in Subiaco ist gegenüber der Anlage Benedikts das ältere Haus. Spätere Veränderungen wie dieser wunderschöne mittelalterliche Cosmaten-Kreuzgang bezeugen die zu jeder Zeit hohe Bedeutung dieses Hauses.

So ist eine Regel entstanden, deren Einhaltung zu den „Höhen der Lehre und der Tugend" (73, 9) führt. Sie hat das Leben der großen Klöster wie Sankt Gallen oder Reichenau, wie Jumièges oder Noirmoutiers getragen. Man hat sie in Cluny sehr einseitig ausgelegt und sich deswegen korrigiert. Immer wieder galt das Bestreben, der Regel des Ordensgründers zu ihrer ursprünglichen Bedeutung zu verhelfen. Daraus ergaben sich manche neue Orden mit strengen Regeln – am bekanntesten vielleicht der Orden der Zisterzienser. Gemeinsam war allen das Erbe Benedikts, das über die Klöster einen wesentlichen Teil zu den Aufgaben der Mission beisteuerte.

48 Der hl. Benedikt in einer Darstellung des 16. Jahrhunderts aus der Werkstatt della Robbia, hier am Pförtnerhaus des Klosters Monte Oliveto Maggiore.

49 Die Apotheose Benedikts und der Teufelssturz in einem Fresko von Cosmas Damian Asam (1718/20) in der Basilika von Weingarten.

Christliche Mission 8

Die Erwartung der urchristlichen Gemeinde, das Ende der Welt sei nahe, hat sich bekanntlich nicht erfüllt (s. Kap. 1). So zerstreuten sich die Apostel in die Welt, um die neue Botschaft den Juden und auch den Heiden zu bringen (s. Kap. 2). Das entsprach dem Auftrag, wie er im Markus-Evangelium festgeschrieben ist:

> *Vor dem Ende aber muss allen Völkern*
> *das Evangelium verkündet werden.*
> *(Mk 13, 10)*

Zusätzlich findet sich der Missions- und Taufbefehl noch einmal am Ende des ersten Evangeliums (Mt 18, 19).

Ergänzend zur Darstellung der Mission in der urchristlichen Zeit (s. Kap. 2–3) und auf dem Hintergrund des Mönchtums, das sich im Orient entwickelt hatte, soll hier ein Licht auf die Christianisierung Galliens im Besonderern und der mitteleuropäischen Gebiete nördlich der Alpen im Allgemeinen geworfen werden. Es ist eine höchst spannende, manchmal verworrene, bisweilen intrigante Ereignisgeschichte, die die jüngere Forschung den „dunklen Jahrhunderten" der Völkerwanderungszeit abgerungen hat. Wie sich in diesem Hin und Her das Christentum seinen Weg bahnen konnte, klingt bisweilen märchenhaft.

Legenden, Legenden …

Bedingt durch die geografische Lage Frankreichs wurden im Altertum wesentliche Impulse über den Süden, also die Mittelmeerküste, vermittelt. Die griechische Kolonisation nahm ihren Weg über Marseille und das Tal der Rhône, und genau so fand auch das frühe Christentum hauptsächlich über die Provence Eingang in das antike Gallien. Die spätere Überlieferung verklärte die Hintergründe, indem sie Persönlichkeiten des vierten Jahrhunderts noch in die Lebenszeit Jesu zurückverlegte. Gerade so erzählte auch der große Dichter Frédéric Mistral (* 1830, † 1914) im elften Gesang seines Epos' „Mireille" die Ankunft der Heiligen in der Provence. Dabei lässt Mistral die drei Marien – die Büßerin Maria Magdalena, Maria Kleophas und Maria Salome – sprechen, die Les-Saintes-Maries zu einem Wallfahrtsort machten. Mistral folgte der provenzalischen Überlieferung so unbeirrt, wie er sich in diesem 1859 erschienenen Werk auch der provenzalischen Sprache bediente.

> *Nach der Kreuzigung Christi entfesselten die Könige und Schriftgelehrten in Judäa eine grausame Christenverfolgung. Zusammen mit einigen Glaubensbrüdern, dem Bischof Maximin, dem alten Trophim, Eutropius, Saturnin und Martial, Martha und Magdalena, Lazarus und Josef von Arimathia, wurden wir in einem zerbrechlichen Schiff den Wogen überlassen.*

Mistral erzählt weiter von den Fährnissen der Überfahrt und der Landung in der Provence. Die drei Marien erreichten zusammen mit den anderen Heiligen Arles. Dort habe Trophim, später Bischof in Arles, das Bild der Göttin Venus zerschellen lassen und noch am selben Tage die

50 Die Kathedrale St-Trophime in Arles bewahrt in dem romanischen Portal die Erinnerung an die legendäre Mission Galliens, hier mit den Bildern von Bartholomäus, Jakobus d.J. – Sohn der Maria Kleophas – und Trophimus von Arles, dem zwei Engel die Bischofsmütze aufsetzen (von links).

51 Die „Tarasque", das legendäre Ungeheuer aus vorchristlicher Zeit, wurde im christlichen Gallien zum Symbol des Unglaubens. Diese Plastik im Lapidarium von Avignon stammt aus dem 3. Jahrhundert v. Chr.

52 Der kleine Ort Soulac-sur-Mer an der französischen Atlantikküste verwahrt in der Marienkirche – hier ein Blick auf die Apsis – ein Grab, das der hl. Veronika zugeschrieben wird.

ganze Bevölkerung von Arles getauft. Bald kamen Abgesandte von Tarascon, um Hilfe gegen ein fürchterliches Ungeheuer zu erbitten. Martha – sie ist in den Evangelien verschiedentlich erwähnt (z. B. Lk 10, 38–42; Joh. 12, 1–8) – ging mit ihnen und besiegte jenes Ungetüm, von dem man sich als „Tarasque" bereits in vorchristlicher Zeit ein Bild gemacht hatte und dessen Vertreibung noch heute folkloristisch gefeiert wird. Der heiligen Martha errichtete man in Tarascon eine Kirche. – Mistral erzählt weiter von jenen Heiligen, die historisch allesamt erst in der Spätantike bezeugt sind:

> *Martial aber zog nach Limoges, Saturnin nach Toulouse, Eutropius nach Orange. Marseille wurde von Lazarus dem Christentum zugeführt, und Maximin trug das Kreuz in die Landschaft von Aix, wo die steilen Berghänge sind. Die Büßerin Magdalena zog sich in eine Grotte zurück, wo sie Tag und Nacht betete und eine Heilige ward. Überall bekehrten sich die Einwohner. So wurde die ganze Provence gleichsam neu geboren unter dem Tau der göttlichen Gnade. Wir, die drei Marien aber, zogen von den blauen Höhen der Alpilles bis in die Camargue. Hier starben wir und wurden begraben.*

Später offenbarten die drei Marien dem König René ihre Grabstätte, wodurch dann Les-Saintes-Maries große Berühmtheit erlangte. – Die Einzelheiten dieser Überlieferungen hat man in der Provence nie aus den Augen verloren. Nicht nur wurde der hl. Trophimus, einer der frühen Missionare der Provence, der Patron der Kathedrale in Arles. Man gedachte, als man in romanischer Zeit das Portal des heutigen Domes schuf, auch der Marien, indem man Bilder von Jakobus d. Ä. – Sohn der Maria Salome – und Jakobus d. J. – Sohn der Maria Kleophas – an prominenter Stelle einbrachte.

… und köstliche Erfindungen …

Kann man jemandem böse sein, der die eigene Geschichte nur deshalb so ausschmückt, um die Verbindung mit dem Herrn und Meister hervorzuheben? Wer die eigene Gemeinde, den eigenen Ort auf Personen zurückführen kann, die Jesus möglichst nahe standen, verschafft sich Ansehen und Glaubwürdigkeit – selbst dann, wenn die angeblichen Zeugen frei erfunden sind. Eine hübsche Geschichte erzählt man sich dazu in Soulac, einem kleinen Ort an der Atlantikküste nordwestlich von Bordeaux. Denn hier soll die heilige Veronika begraben liegen, jene Frau, die Jesus auf seinem Gang zur Kreuzigung das Schweisstuch reichte. Mit ihrem Mann Amadour – so die Legende – sei sie nach Soulac gekommen, nachdem die beiden zuvor den hl. Martial in der Saintonge getroffen hatten. Der hl. Amadour hätte sich, so die Überlieferung, nach Rocamadour (heute ein bekannter Pilgerort im Dép. Lot nördlich von Cahors) begeben; dort wird noch heute sein Grab gezeigt. Zwei Künder des Christentums als Missionare in Gallien, und beide aus der unmittelbaren Umgebung Jesu! Der hl. Amadour wird mit dem reichen Zöllner Zachäus (Lk 19, 1–10) gleichgesetzt. Und Veronika? Es gibt sie gar nicht im Neuen Testament. In der Goldenen Legende des Jakob von Voragine findet sie im Zusammenhang mit der Passion Christi ihren Platz. Sie wollte sich zum Trost ein Bild von Jesus machen lassen. Weiter heißt es („Von der Passion des Herrn"):

> *Da ich nun das Tuch zu dem Maler trug, dass er mir darauf das Bild male, begegnete mir mein Herr auf der Straße und fragte mich, wohin ich ginge. Und da ich ihm die Sache meines Weges sagte, so hiesch er von mir das Tuch; und da er es mir wiedergab, hielt das Tuch das Bild seines Antlitzes.*

Der Ort Soulac-sur-Mer wurde mit dem Besitz einer solchen Grabstätte sogleich viel attraktiver. Einst gab es hier nur eine Quelle und die benachbarte Marien-Kapelle, die später durch die heutige romanische Kirche ersetzt wurde; dann steigerte sich die Bedeutung, als man genau hier – an der Südseite der gewaltigen Gironde-Mündung – den Ausgangspunkt für den westlichsten der Jakobswege fand, den Küstenweg. Als die Pilgerbewegung nach Santiago einsetzte, erweiterten viele Kirchen Galliens die Geschichten ihrer Heiligen um einige Legenden. Das war im neunten Jahrhundert.

Frédéric Mistral zählte zu den Heiligen, die in die Provence kamen, auch Josef von Arimathia. Dessen Name ist mit einem Ort ganz im Norden Frankreichs – mit der Küstenstadt Fécamp in der Normandie – legendär verbunden. Was hat es damit auf sich?

Josef von Arimathia war ein reicher Mann (Mt 27, 57), ein Mitglied des Hohen Rates (Mk 15, 43). Angeblich trug er das Kreuz Christi; später bat er Pilatus um den Leichnam Jesu (vgl.: Joh 19, 38). In einem Bleigefäß fing er der Überlieferung nach einige Blutstropfen Christi auf. Dieses Gefäß übergab er seinem Neffen Isaak, der es an-

53 Nicht nur vom Süden Galliens werden Wunder überliefert; auch im Norden ereigneten sich bedeutsame Dinge. Hier in Fécamp (Normandie) sollen Blutstropfen Christi in einer Ampulle im hohlen Stamm eines Feigenbaumes angekommen sein; hier habe, wie im Bild zu sehen, ein Engel seine Fußspur hinterlassen.

gesichts einer Christenverfolgung in dem Stamm einer Feige versteckte. Den Baum übergab er dem Meer. Auf wundersame Weise sei der Baum in *Fisciacampus* – Feld des Feigenbaumes –, dem späteren Fécamp, angespült worden, wo er Wurzeln geschlagen habe. Warum der Stamm eines Feigenbaumes? Die Feige gehört zusammen mit der Olive und der Weintraube zu den wichtigsten Früchten des biblischen Palästina. Man wohnt sicher und behaglich „unter seinem Weinstock und unter seinem Feigenbaum" (1 Kön 5, 5; Mich 4, 4). Somit ist der Feigenbaum ein Symbol des Friedens.

Zur Verehrung der Reliquie von Fécamp gründet der Adlige Waneng im 7. Jahrhundert ein Frauenkloster. Damit wurde Fécamp noch vor dem heute viel bekannteren Mont Saint-Michel zu einer bedeutenden Pilgerstätte: der ältesten der Normandie.

Den gleichen unschätzbaren Wert hat auch die Heilig-Blut-Reliquie von Weingarten (Baden-Württemberg). Der blinde Hauptmann Longinus (von dem im Neuen Testament nicht die Rede ist; erst das nichtbiblische Nikodemus-Evangelium nennt im Kap. 7 diesen Namen) soll die Seitenwunde Christi geschlagen haben. Ein Strahl des Blutes traf seine Augen und machte ihn sehend; ein ganz altes Motiv scheint hier auf. Longinus fing einige Blutstropfen auf, die später nach Mantua, von dort an die Welfen und über diese nach Weingarten gelangten.

54 Neben Fécamp verwahrt auch die Basilika in Weingarten (Baden-Württemberg) ein Reliquar mit Blutstropfen Christi im Heilig-Blut-Altar. Diese Reliquie kam durch das Haus der Welfen in das schwäbische Kloster. Der Besitz führte zu der seit 1529 nachweisbaren Reiterprozession, dem berühmten „Blutritt" am Freitag nach Christi Himmelfahrt.

Meistens sollen Legenden eine Geschichte überhöhen oder ihr einen würdigeren Rahmen als zuvor verleihen. Insofern enthalten sie in der Regel einen wahren Kern. Es lohnt, sie bei dieser Gelegenheit näher zu betrachten.

… und die Tatsachen

Es ist nicht sicher zu entscheiden, ob die Provence tatsächlich schon im 2. Jahrhundert insgesamt christianisiert wurde, wie vermutungsweise geäußert worden ist. Ein Zentrum, das sicher so weit zurückreicht, war die Stadt Lyon.

55 Eines der nachweisbar frühen Zentren des Christentums in Gallien war Lyon: Eusebius berichtet von Verfolgungen im Jahre 177/178. Unmittelbar neben der heutigen gotischen Kathedrale hat man das frühchristliche oktogonale Baptisterium im Umfeld weiterer früher Kirchenbauten freigelegt.

Gregor von Tours († ca. 594) verweist in seinem Geschichtswerk (I, 18) auf die römische Gründung der Stadt und die Verherrlichung ihres Namens durch das Blut der Märtyrer. Erstmals überhaupt erfahren wir von dieser Gemeinde im Zusammenhang mit den Verfolgungen von 177/178. Achtundvierzig Märtyrer – auch Frauen – seien dabei ums Leben gekommen. Eusebius berichtet in seiner Kirchengeschichte darüber (V 1, 3ff.), indem er einen langen Brief der Gemeinden von Lyon und Vienne zitiert. Der Pöbel sei durch die Bekenntnisse der Christen in immer größere Wut geraten; deswegen hätten die Märtyrer Qualen zu erdulden gehabt, die über jede Beschreibung hinausgingen (V 1, 16). Selbst vor Greisen machte die Folter nicht Halt:

> *Der selige Pothinus, dem das bischöfliche Amt in Lyon anvertraut war, ein Mann von über neunzig Jahren und körperlich ganz geschwächt, … wurde dank seiner Sehnsucht nach dem Martyrium durch den Eifer des Geistes gestärkt. Er wurde vor den Richterstuhl geschleppt, und obwohl sein Körper vor Alter und Krankheit entkräftet war, hielt seine Seele in ihm aus, damit Christus durch sie triumphieren könne.*
>
> *(Eusebius, Kirchengeschichte, V 1, 29)*

Mehrfach erzählt der weitere Text ausführlich von den Qualen und der Hinrichtung im Amphitheater.

Gallien im vierten Jahrhundert

Das vierte Jahrhundert brachte entscheidende Impulse für das Christentum in Gallien mit sich. Kaiser Konstantin berief 314 ein Konzil in seine Residenzstadt Arles ein. Das Christentum, das sich nach dem Toleranzedikt Konstantins erheblich freier als vorher ausbreiten konnte, erhielt durch das Wirken des hl. Martin von Tours (316/17–397) eine hervorragende Grundlage. Denn Martin, bekannt durch die Mantelspende vor den Toren von Amiens, gründete 361 das erste Kloster auf gallischem Boden, und zwar in Ligugé bei Poitiers. Zehn Jahre später wählte das Volk von Tours ihn zum Bischof. Vier weitere Jahre vergingen bis zur Stiftung des Klosters Marmoutiers (in den Nordvogesen gelegen) durch Martin. Somit beginnt die Geschichte des Mönchtums in Gallien mit Martin von Tours. Sein Wirken als Mönch, Bischof und auch als Missionar wurde so hoch eingeschätzt, dass er zum ersten Heiligen wurde, der nicht den Märtyrertod starb. Seinen Klöstern, von denen hier nur zwei erwähnt sind, war nicht das gleiche Fortwirken wie seiner Persönlichkeit beschieden; etliche von ihnen gingen in der Völkerwanderungszeit unter. Die Verehrung des hl. Martin aber wuchs beständig und zwar auch unter den Merowingern und ihren Nachfolgern. Das erkennt man an dem Bedeutungswandel, den der Begriff für die hochverehrte Martinsreliquie – die *capa* (der Mantel) – erfuhr. Denn seit dem siebten Jahrhundert bezeichnet dieses Wort auch den Ort der Reliquie und damit den Gebetsraum am königlichen Hof: die Kapelle.

Kurz nach Martins Tod entfaltete sich auf den Lérins-Inseln – sie liegen vor Cannes – frühes mönchisches Leben. Der heilige Honoratus gründete auf *Lerinum* ein Kloster, dessen Wirken auf ein großes Gebiet im südöstlichen Gallien ausstrahlte. Es sind die Jahre um 400, in denen das Mönchtum als wohl bedeutendste gesellschaftliche Kraft die Welt Galliens erneuerte. Zwei Jahrzehnte zuvor hatte Theodosius den Katholizismus zur einzigen rechtmäßigen Religion erhoben. Wenig später – im Jahre 394 – wurde Augustinus Bischof in Hippo. Seine harte Prädestinationslehre beruht auf dem Gedanken der unumstößlichen göttlichen Vorherbestimmung, die den Erwählten zum Heil dient und die Nicht-Erwählten ausschließt. Danach verfügt der Mensch nicht über das Vermögen, frei das Gute zu wählen. Dem widersetzte sich ein Bischof namens Pelagius, der die Möglichkeit menschlichen Verdienstes zur Erlangung der göttlichen Gnade betonte (und dafür verurteilt wurde). In Lérins nun hat man diese beiden Extreme in einer mildernden Formel zusammengefasst: Der Mensch kann sich durch eigenes sittliches Streben der göttlichen Gnade würdig erweisen.

56 In hervorragender Erhaltung ist das frühchristliche Baptisterium von Fréjus (Südfrankreich) aus dem 4. Jahrhundert auf uns gekommen.

Es ging eine große theologische Leistung von diesem frühen provençalischen Kloster aus; weit mehr als ein Jahrhundert später schloss sich beispielsweise der Bischof Caesarius von Arles diesen Lehren an. Andere christliche Zentren standen Lérins zur Seite, so etwa Poitiers – eine der ältesten christlichen Stätten Galliens neben Lyon – mit seinem Bischof Hilarius (ca. 350–368), einem Zeitgenossen von Martin von Tours, und weiter im Norden Frankreichs Rouen mit

57 Im südwestlichen Gallien bildete sich in Poitiers eines der Zentren des frühen Christentums heraus: Bischof Hilarius (ca. 350–368) genoss auch späterhin höchste Verehrung. Hier das Baptisterium, das zu seiner Zeit begründet wurde.

einem Bistum, das wohl noch im vierten Jahrhundert begründet worden war. Theologisch weniger bedeutsam, dafür aber nur wenig westlich von den Lérins-Inseln gab es ebenfalls im vierten Jahrhundert eine christliche Gemeinde in Fréjus, der altrömischen Stadt Forum Iulii. Das Baptisterium von Fréjus gehört noch in das vierte Jahrhundert.

Patrick und die Inseln

Bevor wir uns den vielschichtigen und lang währenden Ereignissen der Völkerwanderungszeit zuwenden, soll ein Bereich der christlichen Mission angesprochen werden, der – aus gemeinsamer Quelle gespeist – an ganz verschiedenen Orten und auch zeitlich recht gestreut wirksam wurde. Gemeint ist die Tätigkeit der iroschottischen Mönche.

Irland lag recht abgelegen im Europa der Spätantike. Die Insel hieß auf Lateinisch *Hibernia* oder *Scotia* (deswegen ist der allgemein bekannte Begriff „iroschottisch", also irisch-irisch, eigentlich falsch). Sie war weder von den Römern erobert noch von der Völkerwanderung tangiert worden. Wohl mehr als hundert kleine Königtümer fanden sich in diesem agrarisch geprägten Land. Jeder Stamm richtete sein eigenes Kloster ein, dem steinerne Kirchen beigegeben wurden.

58 Ein irischer Missionar mit dem germanischen Namen Fridolin ließ sich zur Zeit Chlodwigs, also gegen 500, am Hochrhein nieder. Die Legende, bildlich am Münster Fridolins in Bad Säckingen dargestellt, erzählt, Fridolin habe zur Durchsetzung seiner Ansprüche auf einen Kirchenbau den toten Urs aus dem Grab als Zeugen zu einer Gerichtsverhandlung geholt.

Da Irland mit seiner agrarischen Struktur beinahe keine Städte hatte, konnten sich die Bischofssitze auch nicht auf urbane Strukturen stützen, wie dies bei der römischen Kirche der Fall war. Irische Klöster mussten selbst die Aufgabe übernehmen, zu Trägern kirchlicher Belange und zu Zentren der weiteren Umgebung zu werden. Damit verbunden war das Festhalten an älteren kirchlichen Bräuchen wie z. B. dem aus dem Orient übernommenen Termin für das Osterfest; erst auf der Synode von Whitby (664) setzt sich die Berechnung des Osterfestes nach römischer Art durch. Strenge Askese und hohe Bußfertigkeit begleiteten die Mönche durch den Tag, der sie sechs Male zu liturgischen Gebeten rief. Das beeindruckte sowohl die Iren als auch die von ihren Mönchen missionierten Menschen.

Wann und wie das Christentum nach Irland kam, ist nach wie vor unklar. Als der Gallier Palladius im Jahre 431 von Papst Coelestin nach Irland geschickt wurde, fand er dort das Christentum in einer keltischen Gesellschaft – dem jeweiligen König standen neben den Sängern die Druiden zur Seite – bereits vor. Der heilige Patrick schließlich wirkte nun ebenfalls im fünften Jahrhundert als Bischof und als Missionar im Norden der Insel. Zuverlässige Nachrichten gibt es weder über seine Herkunft noch über seine Lebensdaten. Eine Vision sei der Anlass zu seiner missionarischen Arbeit gewesen, die von unzähligen Taufen und auch von der Einrichtung von Klöstern begleitet gewesen sei. Patrick wandte sich als nahezu einziger Missionar seiner Zeit der Bekehrung von Heiden zu, die außerhalb des römischen Reiches lebten. Es war seine erklärte Absicht, auch abgelegene Gegenden zu bereisen, um das Christentum zu verkünden. Die Strapazen einer solchen Reise ließen dabei an das Leiden Christi denken: Der Gedanke der „Pilgerschaft für Christus", mit dem Begriff *peregrenatio pro Christo* bezeichnet, setzte sich mehr und mehr durch.

Die spätere Legende verbindet jenen Patrick – auch Patricius genannt – mit dem Fegefeuer, obwohl diese Einrichtung der Buße historisch erst mit Abt Odilo von Cluny (994–1048) verbunden wird: Ein schiffbrüchiger Jerusalem-Pilger habe bei den Liparischen Inseln einen Klausner getroffen, der ihn auf benachbarte Feuerstätten hingewiesen habe, in denen die Sünder ihre Zeit zu büßen hätten; die aber würden wieder und wieder nach Gebeten und Werken der Barmherzigkeit, die vor allem von den Mönchen von Cluny geleistet würden, rufen. Diese Vision, die das Bild vom Fegefeuer in die Gegend des sizilianischen Archipels verweist, habe den Abt tief beeindruckt. Somit dachte Odilo darüber nach, wie er der Sehnsucht der Christen, nach dem Tode in der Gemeinschaft der Heiligen aufgenommen werden zu können, näher kommen könnte. Daher führte er als wirksames Fest des Totengedenkens den Feiertag Allerseelen nach dem Tage Allerheiligen ein.

Die hochmittelalterliche Legendensammlung des Jakob von Voragine verbindet freilich das Fegefeuer mit dem irischen Mönch Patrick des fünften Jahrhunderts:

> *Nun predigte Sanct Patricius in dem Land Hybernia, aber er mochte wenig Menschen daselbst bekehren. Da bat er Gott um ein Zeichen, davon die Menschen erschrecken würden und Buße täten. Und Gott der Herr wies ihm eine Statt und ließ ihn daselbst mit seinem Stabe einen Kreis machen: und siehe, die Erde öffnete sich in dem Kreis und ein tiefer Abgrund erzeigte sich. Sanct Patricio aber ward kundgetan, dass dies ein Fegefeuer sei; und wer darein gehe, dem wäre keine andere Buße not und kein anderes Fegefeuer für seine Sünden. Die meisten würden daraus nicht kommen, aber die da wieder sollten kommen, die wären nicht länger darinnen denn von einem Morgen bis zu dem anderen. Also gingen viele darein und kamen nicht wieder.*
>
> *(Jakob von Voragine, Legenda aurea)*

Fridolin in Bad Säckingen

Die Mission Patricks zielte nicht auf die Entfaltung monastischen Lebens. Die ersten Klöster, die auf irische Kleriker zurückgehen, lassen aber nicht mehr lange auf sich warten. Ungefähr zur Zeit von Patricks Wirken in Irland predigte ein anderer Mann auf der Insel, dessen Name weit weniger bekannt ist. Aus seiner Lebensbeschreibung, aufgezeichnet vom Bischof Balther um 970, wissen wir, dass dieser Wanderprediger und Missionar den Alamannen das Christentum brachte. Er blieb am Rhein, wo er auf einer ehemaligen Insel dem hl. Hilarius eine Kirche weihte und ein Frauenkloster „nach der kanonischen Regel" (Kap. 28) einrichtete. Sein Name Fridolin ist allerdings germanischen Ursprungs. In der Biografie (verständlicherweise zugleich auch eine „Heiligschreibung") Fridolins heißt es, der Kleriker habe seine Heimat verlassen, um in die Fremde zu pilgern. Im Einvernehmen mit König Chlodwig (s. u.), der in mehreren Kapiteln dieser Vita namentlich erwähnt wird, habe er

59 Die heutige Bischofsstadt Soissons in der Picardie – hier ein Blick auf die ältesten erhaltenen Bauteile der Kathedrale – spielt in den Ereignissen um Chlodwig und dessen Übertritt zum Katholizismus kurz vor 500 eine große Rolle.

das Hilarius-Kloster von Poitiers wieder hergestellt; dann sei er weiter an den Hochrhein gezogen. Die Kontakte mit Chlodwig ergeben eine ungefähre Datierung in die Jahre um 500. Die hochmittelalterliche Überlieferung hat der Biografie Fridolins Wundertaten hinzugefügt, die die bildliche Darstellung besonders beeinflusst haben. Als Fridolin das Frauenkloster baute, stand er im Benehmen mit zwei Brüdern namens Urs und Landolf. Urs schenkte dem Kloster mit dem Einverständnis seines Bruders Besitztümer, die Landolf jedoch nach dem Tod von Urs wieder kassierte. Um seine Ansprüche durchzusetzen, ging Fridolin zu dem Grab des Verstorbenen, erweckte ihn zum Leben und kam mit Urs zur Gerichtsverhandlung. Urs bestätigte die Schenkung. Seit der Niederschrift dieser Legenden – seit der Zeit um 1290 – war eine der beliebtesten Darstellungen Fridolins die in Begleitung des toten Urs. Eine solche statuarische Gruppe ziert die Fassade über dem Eingang zum heutigen barocken Fridolins-Münster in Bad Säckingen.

Ein kleiner Vorgriff: Nach solchen Anfängen des fünften und sechsten Jahrhunderts war es dann vor allem der ältere Columban, der im Jahre 563 ein Kloster auf der Insel Iona vor der schottischen Westküste gründete. Von Iona aus entstanden weitere Tochtergründungen. Ihre Lage im Osten Englands zeigt die Bewegung, die vom irischen Mönchtum ausging. Die wurde dann vor allem vom jüngeren Columban (um

543–615) getragen, der mit zwölf (!) Mönchen nach Frankreich ging. In dem von ihm begründeten Kloster von Luxeuil (heute ein Badeort am südwestlichen Abhang der Vogesen) verfasste er um 595 die älteste uns bekannte irische Mönchsregel. Columban starb im Kloster von Bobbio (ca. 40 km südwestlich von Piacenza im Tal der Trebbia gelegen), dessen Leitung er schließlich innehatte. Das irische (oder auch iro-schottische) Mönchtum hatte damit in Europa allenthalben Fuß gefasst, auch wenn es sich in seiner spezifisch irischen Darstellung nicht durchgehend manifestieren konnte. So haben, wie bereits angesprochen, die angelsächsischen Kleriker auf der Synode von Whitby 664 die Berechnung des Osterfestes nach dem lunisolaren Kalender (s. Kap. 9) durchgesetzt.

Die Franken in Gallien

Der hl. Fridolin von Bad Säckingen hatte sich also mit Chlodwig, dem König der Franken, ob seiner missionarischen Aktivitäten abgesprochen. Von Chlodwig erhielt er persönlich die Erlaubnis, die ihm zunächst noch unbekannte Insel im Rhein zu suchen (Balther, Vita Kap. 19). Das ergibt aber erst nach dem Übertritt Chlodwigs zum Katholizismus einen Sinn. Wie war es dazu gekommen?

Die Franken, nach zeitgenössischen Quellen auch Salier genannt, waren ein westgermanischer Stamm. Wie bei anderen germanischen Stämmen auch gab es in der Spätantike immer wieder Berührungs-, aber auch Reibungspunkte mit der römischen Weltmacht. Schon im dritten Jahrhundert zogen die Römer ihre Reichsgrenze unter dem Druck anstürmender Alamannen nach Süden zurück. Im vierten Jahrhundert ließ man fränkische Verbände auf römischem Boden siedeln, um den Druck der Invasoren abzufedern. Der Versuch zur Romanisierung der fränkischen Salier ging so weit, dass man germanische Truppenführer im römischen Heer zu Generälen machte. Childerich (ca. 460–481/82), Chlodwigs Vater, stand vielleicht in einer solchen hohen Position. In jedem Falle war er in die römischen Machtstrukturen in Gallien bestens integriert, denn er drang mit seinen Leuten tief nach Gallien ein. Tournai (heute im westlichen Belgien auf der Höhe von Lille gelegen) machte er zu seiner Hauptstadt; hier fand man 1653 sein unbeschädigtes Grab. Der Vater Childerichs soll Merowech geheißen haben; von daher seien später die Könige der Franken Merowinger genannt worden.

Als Childerich starb, war sein Sohn Chlodwig sechzehn Jahre alt. Bischof Remigius von Reims, der später die Taufe an Chlodwig vollzog, beglückwünschte ihn – und sprach ihn dabei als Inhaber eines römischen Amtes an, als Verwalter der Provinz *Belgia secunda*. Damit hatten sich die germanischen Salfranken endgültig im römischen Gallien eingerichtet. Chlodwig erweiterte die fränkische Landnahme, indem er zum Pariser Becken vorstieß. Dabei kam es 486/87 zu Konflikten um jenes römische Restgebiet, das der Heermeister Syagrius um Soissons hielt. Die Auseinandersetzung um die Stadt Soissons wäre hier nicht erwähnenswert, würde sie nicht einen tiefen Blick in die Persönlichkeit Chlodwigs erlauben.

Die Vase von Soissons

Gregor, Bischof von Tours, schrieb die Ereignisse um Chlodwig etwa ein Jahrhundert später in seinem Geschichtswerk auf (Buch II Kap. 27). Syagrius, von Gregor als „König der Römer" tituliert, nahm die Herausforderung an, wurde aber bald in die Enge getrieben. Er flüchtete nach Toulouse – dort hatten die Westgoten 418 den Sitz ihres tolosanischen Reiches eingerichtet – zu Alarich II., der ihn aber an Chlodwig auslieferte. Der Franke ließ den Römer „heimlich mit dem Schwert töten". Zu der Zeit – so Gregor unvermittelt weiter – seien noch viele Kirchen von den Franken geplündert worden; schließlich sei Chlodwig noch „vom heidnischen Aberglauben befangen" gewesen. Auch aus einer Kirche von Soissons sei ein wertvolles liturgisches Gefäß entwendet worden. Der Bischof bat den König um Rückgabe, und der – soeben noch als heidnisch bezeichnet – war bereit, darauf einzugehen. Als die Beute durch Losentscheid geteilt werden sollte, erbat Chlodwig vorab eben diese Vase für sich. Die meisten Soldaten stimmten zu, doch

> *da sie dies sagten, trieb ein leichtsinniger, neidischer und unbedachtsamer Mensch mit lautem Geschrei seine Streitaxt in den Krug und sagte: „Nichts sollst du davon haben, als was dir nach dem Recht das Los zuteilt."*

Chlodwig ließ keinen Zorn sichtbar werden. Dem Boten der Kirche gab er den zerstörten Krug. Ein Jahr darauf musterte er seine Soldaten. Jenem, der seinerzeit den Krug zerschlagen hatte, hielt er schlechte Waffenpflege vor. Dann nahm er die Axt dieses Neiders und warf sie zur Erde.

Jener neigte sich darauf ein wenig herab, um sie aufzuheben, da holte der König aus und hieb ihn mit der Axt in den Kopf. „So“, sagte er, „hast du es zu Soissons einst mit dem Kruge gemacht.“ Als er gestorben war, hieß der König die übrigen nach Hause gehen, und gewaltige Furcht jagte er allen durch diese Tat ein.

Mit diesem Beispiel wird die ambivalente Haltung Chlodwigs zu seinen Mitmenschen, aber auch zur Kirche sichtbar. Seinen wehrlosen Gegenspieler Syagrius lässt er ermorden und den Soldaten, der die Vase zerschlagen hatte, tötet er eigenhändig, als eine solche Strafe gar nicht mehr zu erwarten ist. Und warum? Um den anderen Furcht einzujagen, was ja auch gelingt. Interessant ist nun, dass Chlodwig der Kirche auch in seinen „heidnischen“ Zeiten durchaus offen gegenüber steht. Denn er ist bereit, auf die Bitte des Bischofs einzugehen. Noch deutlicher: Ein Bischof gratuliert ihm zur Herrscherwürde! Und weiter: Chlodwigs Frau Chrodechilde ließ ihre Söhne taufen (ca. 493/495; Gregor, Hist. II, 29); sie selber lebte also – wie auch ihre Schwester als Nonne – im christlichen Glauben. Es ist unvorstellbar, dass Chlodwig so viel Christentum in seiner Nähe nur aus Achtung vor einer Frau zugelassen hätte; es muss schon vor seiner Konversion eine hohe Affinität gegeben haben. Diese Konstellation führte dann zu einem weltpolitisch bewegenden Ereignis. Man wird in diesem Zusammenhang große Worte zulassen dürfen, denn die Franken schickten sich an, zur bedeutendsten Macht in Westeuropa aufzusteigen.

Chlodwigs Taufe

Unser Gewährsmann Gregor von Tour schilderte die Bekehrung Chlodwigs zum Christentum dramatisch und vor allem effektvoll (Hist. II, 30). Die Königin konnte mit Worten nicht das erreichen, wozu die Not den Herrscher zwang. Er fand sich auf dem Schlachtfeld mit den Alamannen. Der Leser erfährt keine Einzelheiten; nicht einmal der Name des alamannischen Herrschers wird erwähnt. Das gesamte militärische Ereignis, das nahezu mit einer Niederlage Chlodwigs geendet hätte – „Chlodwigs Heer war nahe daran, völlig vernichtet zu werden“ –, scheint nur als Aufhänger für das eigentliche Ereignis, nämlich die Bekehrung, zu dienen. In dieser desolaten Lage verkündete Chlodwig sein Gelübde, die Augen, „die sich mit Tränen füllten“ (Gregor schreibt es so), zum Himmel gerichtet:

Jesus Christus, Chrodechilde verkündet, du seiest der Sohn des lebendigen Gottes ... Ich flehe dich demütig an um deinen mächtigen Beistand: gewährst du mir jetzt den Sieg über diese meine Feinde und erfahre ich so jene Macht, die das Volk, das deinem Namen sich weiht, an dir erprobt zu haben rühmt, so will ich an dich glauben und mich taufen lassen auf deinen Namen. ... Dich nun rufe ich an, und ich verlange, an dich zu glauben; nur entreiße mich aus der Hand meiner Widersacher.

Prompt wenden sich die Alamannen zur Flucht und bitten noch um schonende Behandlung! Unverzüglich, aber heimlich, ließ Chrodechilde Bischof Remigius von Reims holen. Gregor wusste um die Probleme, die Chlodwig als Vertreter eines heidnischen Volkes bei einer Bekehrung würde lösen müssen (Hist. II, 31). Ein Wunder half: die alten Götter setzten sich praktisch selber ab. So konnte Remigius das Taufbad vorbereiten lassen für den König und sein Volk.

Zuerst verlangte der König, vom Bischof getauft zu werden. Er ging, ein neuer Constantin, zum Taufbade hin.

Daraufhin habe Remigius – zur Zeit Gregors bereits ein Heiliger – die berühmten Worte an Chlodwig gerichtet:

Beuge still deinen Nacken, Sicamber; verehre, was du verfolgtest; verfolge, was du verehrtest.

Ein Sicamber (oder: Sugambrer) waren ein rechtsrheinischer Volksstamm, die bei der Eroberung Galliens durch Caesar eine Rolle spiel-

60 Der Grabstein der Audulpia in Boppard (um 600) berichtet von einer in hohem Alter von 75 Jahren verstorbenen Vertreterin der fränkischen Bevölkerung Boppards.

61 Ein kleiner, stimmungsvoller Ort langobardischer Frömmigkeit liegt in der Nähe von Mailand: Castelseprio mit der Johannes-Kirche und dem Baptisterium (rechts unter dem Dach).

ten. Sie wurden im ersten Jahrhundert n. Chr. zwangsweise in linksrheinischen Gebieten angesiedelt. – Mit diesem Taufakt bei der Kathedrale von Reims hatten sich die Franken dem katholischen Glauben zugewandt, nicht dem noch immer verbreiteten arianischen Denken (s. Kap. 5). Jetzt konnten sich Franken und Galloromer mehr und mehr einander annähern. Die Oberschichten verschmolzen allmählich. Vor allem konnte sich der König der Unterstützung der Bischöfe Galliens – immerhin ein bedeutender Machtfaktor im Lande – sicher sein. Das Lob für

62 Im Jahre 1155 ließ sich Friedrich Barbarossa hier in der Michaelskirche von Pavia krönen. Der derzeitige romanische Bau ersetzt die alte langobardische Krönungskirche.

den „neuen Constantin" hallte noch in Konstantinopel wider. Somit führte die Kirchenpolitik Chlodwigs, die er auf dem Konzil von Orléans 511 mit der Erhebung der Kirche zur reichsfränkischen Landeskirche krönte, zur Festigung der Vormachtstellung des Frankenreiches.

Alamannen und Goten

Auch in der unmittelbaren Umgebung blieben Chlodwigs Aktivitäten nicht ohne Wirkung. Die Ergebnisse seien hier nur kurz erwähnt. Die alamannischen Teilstämme mit ihren Kleinkönigen mussten sich politisch der fränkischen Macht beugen. Neuere Grabungen, vor allem im Gebiet des Kaiserstuhls, erwiesen deutliche fränkische Einflussnahme gegenüber den Alamannen. So hat man Friedhöfe in diesem alamannischen Gebiet gefunden, deren Grabausstattung eher an Franken denn an Alamannen denken lässt. So fehlen beispielsweise die sonst den alamannischen Bestattungen gern beigegebenen Goldblattkreuze (s. Abb. 131).

Auch die Bedeutung der Kirchen im alamannischen Raum stellt sich heute etwas anders dar als noch vor kurzer Zeit. Denn die Christianisierung der Alamannen dauerte anscheinend tatsächlich bis in die karolingische Zeit hinein. Während man früher glaubte, die Alamannen seien über öffentliche Kirchen christianisiert worden, geht die jüngere Forschung von einem ganz anderen Bild aus. Es hat sich gezeigt, dass Angehörige der alamannischen Oberschicht nur für eine mäßige Verbreitung des Christentums sorgten, da sie Kirchen als private Kirchen – sog. Eigenkirchen – auf eigenem Grund und Boden errichteten. Somit befanden sich diese Gotteshäuser in der Hand bestimmter Besitzer, z. B. der Landeigentümer. An ein flächendeckendes Christentum darf man in diesem Zusammenhang nicht denken.

Den Goten trat die neue Herrschermacht der Franken unterschiedlich gegenüber. Die Angriffe Chlodwigs richteten sich vor allem gegen die Westgoten, die ja praktisch vor der Haustür saßen. Die Begründung war leicht zu finden, hingen doch die Westgoten der Häresie der Arianer an (s. Kap. 5). Chlodwig fuhr 507 so plötzlich über Alarich II. her, dass diesem nicht einmal sein Schwiegervater Theoderich zu Hilfe kommen konnte. Die Westgoten wichen dem Druck der Franken aus, indem sie sich im Laufe des sechsten Jahrhunderts nach Spanien zurückzogen, während die Ostgoten ihre politische Eigenständigkeit im Jahre 552 aufgeben mussten.

Die Langobarden

In das Machtvakuum in Norditalien stießen die Langobarden vor. Sie sollen der Legende nach aus dem südlichen Schweden an die Unterelbe gezogen sein. Dort sind die „Langbärte“ seit dem ersten Jahrhundert v. Chr. nachweisbar. Im Laufe des fünften Jahrhunderts zogen sie in den Donauraum, ungefähr bis zum Gebiet des heutigen Westungarn herüber. Entscheidend war dann aber jener letzte Wechsel, der die Langbärte im Jahre 568 über die Alpen nach Norditalien führte. Die Gotenkriege lagen noch nicht lange zurück, und so konnte sich das Heer der Langobarden unter der Führung von Alboin ohne große Schwierigkeiten in der Lombardei festsetzen: zunächst in Mailand (569) und dann – freilich erst nach dreijähriger Belagerung – in Pavia (572).

Diese Stadt war den Langobarden allein schon aufgrund ihrer hervorragenden Lage wichtig. Sie folgten damit den Römern, die die strategische Bedeutung Pavias zur Beherrschung der Poebene am Übergang über den Fluss Ticino erkannten und das antike *Ticinum* gründeten. Nach den Römern machten die Ostgoten unter Theoderich das alte *Ticinum* – der Name Pavia taucht erst im siebten Jahrhundert auf – zum Hauptsitz. Hier ließ Theoderich einen Palast bauen; hier ließ er 524 den Staatsmann und Philosophen Boethius (s. u.) hinrichten. – Die Langobarden erhoben Pavia zur Krönungsstadt. Im Süden der Altstadt, nahe dem Fluss, liegt die Basilika S. Michele. Der langobardische Bau ist längst durch die romanische Kirche des früheren zwölften Jahrhunderts mit ihrer reichen Fassade ersetzt. 1155 wurde sie geweiht; zur gleichen Zeit ließ sich Barbarossa hier krönen. Die Kontinuität als Krönungskirche ist damit gegeben.

Religionsgeschichtlich ergab sich bei der Ankunft der Langobarden eine interessante Konstellation, galten sie doch als Heiden, da sie im Ostalpenraum die arianische Form des Christentums angenommen hatten. Doch die politische Geschichte der Langobarden ist wesentlich auch eine Geschichte des Ringens zwischen Arianismus und Katholizismus. Nun sind die Quellen, die dem Heidentum der Langobarden das Wort reden, römisch-katholisch. Dass sich die Dinge nicht so ereigneten, wie man es seitens der römischen Kirche gern darstellen wollte, geht schon daraus hervor, dass die Katholikin Theudelinde im Jahr 603 ihren Sohn katholisch taufen ließ. Ungefähr in dieser Zeit marschierte Agiulf, ein Arianer, mit seinen Langobarden auf Rom zu. Doch man einigte sich mit Papst Gregor dem Großen († 604) und zog wieder ab. Wenig später, im Jahr 613, schenkte dieser Agiulf dem irischen Mönch Columban ein Stück Land ein Stück südwestlich von Piacenza für die Gründung des bereits erwähnten Klosters Bobbio. Somit wird allenthalben deutlich, dass die Langobarden dem Katholizismus offen gegenüber standen. Insgesamt vertraten sie glaubensmäßig keine dogmatische Position. Im Laufe des siebten Jahrhunderts wechselten sie insgesamt zum Katholizismus.

63 Mit dem Hochchor erinnert die romanische Kirche S. Michele in Pavia an die alten Bauformen, die den Platz für den Klerus besonders heraushoben.

Man kennt etliche Zentren der Langobarden, die sie als Herzogtümer eingerichtet hatten. Im Süden – abgekoppelt und weitgehend eigenständig – waren Spoleto und Benevent langobardische Herrschaftssitze. Innerhalb der langobardischen Königsherrschaft gab es viele Orte, die heute fast völlig vergessen sind. Zu ihnen gehört Castelseprio bei Mailand. Hervorgegangen aus einer keltischen Gründung, diente der zwi-

64 In der frühchristlichen Krypta der Kathedrale von Apt (Provence) – Bischofssitz seit dem 3. Jahrhundert – befindet sich in der Decke ein Stein mit einem Kreuz in der kunstvollen Form langobardischen Flechtbandmusters.

65 Schönstes langobardisches Flechtband findet sich auch an der weitgehend unbekannten Kirche S. Maria Hospitalis in Oreste (Latium).

schenzeitlich römische Platz den Langobarden als Hauptstadt einer Provinz zwischen dem Lago Maggiore und Mailand. Bis ins hohe Mittelalter stand Castelseprio in Konkurrenz zu Mailand, der späteren lombardischen Hauptstadt.

Nun gibt es ein Ruinenfeld in Castelseprio, das trotz seiner Bedeutung kaum bekannt ist. Es umfasst die Johannes-Kirche mit dem angeschlossenen Bau eines Baptisteriums, die Pauls-Kirche und ein paar hundert Meter weiter eine Marienkirche, die vermutlich im siebten oder achten Jahrhundert für ein Pilgerhospiz errichtet wurde. Gleichermaßen dürften auch die anderen Bauten der langobardischen Zeit angehören. Von der Johannes-Kirche stehen noch hoch

66 Die dreischiffige Kirche S. Eufemia in Spoleto, gegenüber der Kathedrale gelegen, diente möglicherweise zunächst als Hofkirche für den langobardischen Herrschersitz.

erhaltene Mauern der Apsis und der Seitenwände. Die daneben liegende Taufkirche hat überraschender Weise zwei verschiedene Taufbecken. Über das Warum können wir nur spekulieren: Denkbar wäre eine Trennung für die arianischen Christen einerseits und die athanasischen andererseits. – Die Marienkirche trägt in der Hauptapsis einen gemalten Zyklus, der das Geschehen um die Geburt Christi darstellt. Als Vorlage dienten nicht die Evangelien, sondern außerkanonische Schriften. Diese Fresken sind ungewöhnlich, aber durchaus kunstvoll. Was immer man auch denken möchte über die Langobarden: kunstlose Barbaren waren sie nicht! Davon legen insbesondere die herrlichen langobardischen Flechtbandmuster, die man von etlichen Orten kennt, Zeugnis ab.

Der große König Liutprand

Die politische Geschichte der Langobarden endet 774 mit der Gefangennahme von Desiderius. Dreißig Jahre vorher starb jener König, der die bedeutendste Zeit der langobardischen Herrschaft verkörperte: Liutprand. Er regierte von 712–744, also sehr lange. Hingegen konnte sein Vater Ansprand nur drei Monate amtieren. Liutprand trat als Gesetzgeber und als Förderer der Kirche auf. Als Gesetzgeber baute er die Zentral- und Regionalverwaltung in Pavia aus; als Förderer der Kirche verzichtete er aufgrund der Bitten von Papst Zacharias auf seine Eroberungen im Dukat von Rom (742). Zeitweilig brachte er die beiden Großherzogtümer Spoleto und Benevent unter seine Kontrolle. Er verbündete sich mit dem fränkischen Hausmeier Karl Martell, dessen Sohn Pippin er 737 adoptierte. 738 interveniert Liutprand auf Wunsch Karl Martells siegreich gegen die Sarazenen in der Provence. – In Liutprand sahen die späteren Quellen den idealen Herrscher.

Bestattet wurde Liutprand zunächst in der Kirche S. Adriano auf dem christlichen Friedhof von S. Maria „alle pertiche“. Die Überführung in die Basilika Ciel d'oro in Pavia, dem jetzigen Ruheplatz, veranlasste Abt Ulrich (1169–1193). Sein Grab befindet sich unten im Pfeiler rechts des Chores. Eine Inschrift weist darauf hin, dass hier die Gebeine des Königs Liutprand ruhen. Darüber befindet sich eine Tafel mit einer Lobeshymne auf diesen Herrscher. Sie ist zugleich eine Kurzbiografie, indem sie über die Siege bei Sutri, Bologna und Rimini (Zeilen 3–4), den Kampf gegen die Sarazenen (8) und am Ende über die Einrichtung des Grabes für Augustinus erzählt.

Das Grab dieses großen Kirchenlehrers (s. Kap. 5) befindet sich oben im Chor, im Presbyterium über der Krypta. Der Überlieferung nach wurden die Gebeine von Augustinus 496 von Afrika nach Cagliari auf Sardinien gebracht, weil sie dort sicherer seien als in Nordafrika. Zwischen 722 und 725 ließ dann Liutprand die Gebeine von Cagliari holen, Beda Venerabilis zufolge zu einem „großen Preis" (man hat angenommen, die Gebeine seien in Gold aufgewogen worden). Im Mittelalter hat man die einfache Grabstätte, die auf Liutprand zurückging, prachtvoll ausgebaut.

Das Grab besteht aus zwei ganz unterschiedlichen Teilen. Der Kern ist die Silberkiste mit dem Aschenkrug. Diese Kiste ist mit einfachen Kreuzen verziert und eher unspektakulär. Um diesen silbernen Schrein zu öffnen, braucht man vier Schlüssel; jeweils einer befindet sich beim Bischof, beim Kapitel der Kathedrale, beim Prior der Augustiner und bei der Gemeinde von Pavia.

Den eigentlichen Aufbau bildet die sog. *arca*, also das Hochgrab. Im Sockelgeschoss befindet sich eine Altarmensa, unter der das Grab liegt. Ganz unten die Inschrift: CORPUS S. P. AUGUSTINI. Auf der Rückseite der Arca ist in gotischen Lettern das Datum *anno MCCCLXII*, also 1362, erhalten.

Diese Arca ist ein Hauptwerk lombardischer Plastik dieser Zeit. Es wirkt eher renaissancehaft als gotisch. In der unteren Zone finden sich disputierende Propheten und Tugenden wie Glaube, Hoffnung, Liebe. In der Mitte sieht man von Heiligen gesäumte Arkaden mit einem Durchblick auf den plastisch dargestellten Toten (der aber weiter unten liegt), dessen Leichentuch Engel raffen. Oben sind Reliefs, die das Leben Augustins bis zur Überführung durch Liutprand darstellen. Hinter der Arca befindet sich im Fußboden ein Teil eines achteckigen Mosaiks aus der Kathedrale des antiken Hippo, der Wirkungsstätte Augustins.

In der Krypta dieser Kirche San Pietro in Ciel d'oro findet sich das (moderne) Grab des römischen Staatsmannes und Philosophen Boethius, der hier in Pavia – wie bereits gesagt – 524 unter Theoderich hingerichtet wurde. Auch dieses Grab hat Liutprand eingebracht.

Anicius Manlius Severinus Boethius lebte um 480 bis 524. Als Kind einer christlichen Patrizierfamilie widmete er sich der Philosophie; dabei suchte er als einer der ersten Denker zwischen Platonismus und Aristotelismus zu vermitteln. Er war Staatsmann unter dem Ostgotenkönig Theoderich: 510 alleiniger Konsul, 522 wiederum hoher Beamter in Ravenna. Allerdings standen

67 Die romanische Kirche S. Pietro in Pavia beherbergt die Gräber von Augustinus und Boethius, eingebracht vom Langobardenkönig Liutprand († 744), der ebenfalls in dieser Kirche beigesetzt wurde.

seine Ansichten dem Arianismus Theoderichs entgegen. So wurde Boethius schließlich zu den Oppositionellen am Hof gezählt und des Hochverrats bezichtigt. Im Herbst 523 eingekerkert, verbrachte er die Zeit bis zu seiner Hinrichtung (ohne Anhörung!) im Sommer 524 im Gefängnis. Sein Besitz wurde eingezogen und er selbst zu Tode geprügelt. – Im Gefängnis verfasste er die Schrift *„Consolatio philosophiae"* – der Trost der Philosophie. Es ist das letzte Vermächtnis antiken Geistes an das werdende Abendland. Boethius lässt sich in ein Zwiegespräch mit der personifizierten Philosophia ein. Sein Thema: das äußerlich-irdische Glück und das Wesen des wahren Guten. Sein Leitmotiv: die Einschränkung der vernünftigen Erkenntnisfähigkeit durch die Leidenschaft. Zwischendurch gewährt die Philosophia Vergnügen durch Gesang. Der Tenor: Die Philosophia versucht Boethius zu trösten, indem sie ihm dichterisch die Einsicht in die zahlhafte Ordnung der Schöpfung (so schon bei Augustinus zu lesen) und die Schönheit der Himmelsbewegungen – mit anderen Worten: die Weltmusik als die Ordnung im Kosmos – vermittelt.

Die Impulse, die von Boethius ausgingen, wirkten das ganze Mittelalter nach. Sie beeinflussten die so genannten Sieben Freien Künste, die nichts anderes als die Wissenschaften ihrer Zeit bedeuteten. Mit dem Ende der Spätantike, also etwa zur Zeit von Boethius, gewannen diese *septem artes liberales* ihre letztgültige Form. Das gesamte Mittelalter schöpfte aus dieser Quelle

68 Das Grab des Kirchenvaters Augustinus, von Liutprand in Pavia angelegt, erhielt seinen plastischen Schmuck im 14. Jahrhundert.

der Wissenschaften, die man auch bildlich an den Kathedralen darstellte. Um die Sache nur ganz kurz anzudeuten: Das Mittelalter kannte den Dreierblock – das *Trivium* – mit den sprachlichen Wissenschaften Grammatik, Dialektik und Rhetorik sowie den Vierwegeblock – das *Quadrivium* – mit den mathematischen Wissenschaften Arithmetik, Geometrie, Musik und Astronomie. Dieser letztgenannten Wissenschaften – so behauptete noch Nikolaus von Kues im 15. Jahrhundert (Über das gelehrte Nichtwissen II 13) – bediente sich Gott bei der Erschaffung der Welt. Den sieben freien Künsten gesellte sich nun die Philosophie zu, wenn auch nicht als „offizielle" Erweiterung. Es blieb bei den Sieben Freien Künsten. Die symbolhafte Sieben – sieben Tage währte die Schöpfung – wird durch die Einbeziehung der Philosophie zur nicht minder symbolhaften Achtzahl. Wir sahen bereits, dass dies die Zahl der Glückseligkeit ist (s. Kap. 1 [Augustin, Taufe]); wir werden diesem Gedanken in der Welt der Architektur wiederum begegnen (s. Kap. 10).

Gregor der Große

Zugunsten der Geschlossenheit der Darstellung über die Langobarden sind wir zeitlich über ein Ereignis hinweg gehuscht, dass sich mit einem der großen Päpste und einem der wenigen Heiligen auf dem Stuhl Petri verbindet: Gregor der Erste genannt der Große (540–604). Aus begüterter Familie stammend bekleidete er im Alter von 32 Jahren das Amt des römischen Stadtpräfekten. Doch statt diese Laufbahn weiter zu verfolgen, zog Gregor sich in das Andreas-Kloster zurück, das er selber in seinem elterlichen Palast begründet hatte. Er ließ den Kontakt zur römischen Kurie jedoch nicht abreißen. So wurde er von Pelagius II. 579, im selben Jahr, in dem dieser zum Stellvertreter Petri bestimmt worden war, als Vertreter des neuen Papstes nach Konstantinopel entsandt. Später kehrte er nach Rom zurück, wo er noch einige Jahre in seinem Kloster zubrachte, bevor er 590 zum Papst gewählt wurde. In diesem Amt überraschte Gregor durch den bis dahin unbekannten Titel „Diener der Diener Gottes".

Gregor hat eine Vielzahl von Schriften und Briefen hinterlassen – weit mehr als 800 Zeugnisse sind erhalten. Einer dieser Briefe ist durch den Angelsachsen Beda Venerabilis (ca. 672–735) überliefert. Beda, der erste große Theologe des Mittelalters, verfasste eine „Kirchengeschichte Englands". Dabei ging es natürlich auch um jene Missionsbewegungen, die – von Irland ausgehend – England zur Zeit Gregors erreichten. Gregor hatte nun seinerseits den Abt Augustinus zusammen mit vierzig Mönchen nach Kent geschickt, um dort für Rom Metropolen aufzubauen. Von denen blieb nur Canterbury. An diesen „ehrwürdigen Mitbischof" Augustin schrieb Gregor bezüglich der Mission bemerkenswerte Worte, die er durch den Abt Mellitus mitteilen ließ:

> *Wenn euch also der allmächtige Gott zu dem sehr ehrwürdigen Mann und unserem Bruder, dem Bischof Augustin, geführt haben sollte, sagt ihm, was ich in der Sache der Engländer lange überlegt und bedacht habe; nämlich dass die Heiligtümer der Götzen bei diesem Volk keineswegs zerstört werden müssen, dass aber die Götzenbilder, die sich darin befinden, zerstört werden sollen, dass Wasser geweiht und in diesen Heiligtümern versprengt, dass Altäre gebaut, Reliquien niedergelegt werden.*
> *(Beda Venerabilis, Historia I, 30)*

Kritiker haben der Kirche und der Darstellung in ihren Handlungen immer wieder ein hohes Maß an Grausamkeit vorgeworfen. Doch aus diesen Worten Gregors spricht ein für die Zeit ungewöhnliches Einfühlungsvermögen: Nachsicht gegenüber vorgefundenen Sitten und Gebräuchen ist oftmals viel erfolgreicher als rigoroses Auftreten. Der Historiker Beda wusste es zu schätzen. – Im letzten Kapitel wird dieser Brief Gregors noch einmal Bedeutung erlangen.

Ausblick: Willibrord und Bonifatius

Die ersten monastischen Bewegungen zur Verbreitung des Christentums in Westeuropa sind, wie gesehen, mit Martin von Tours und Gallien verbunden. Einen weiteren wichtigen Abschnitt – die „iroschottischen“ Klostergründungen Columbans und seiner Nachfolger – bezeichnet man heute gern als „irofränkisches“ Mönchtum. Die wesentlichen Impulse für den Aufstieg des Christentums sind damit gegeben, auch wenn es, wie beim Arianismus zu sehen, immer wieder zu Auseinandersetzungen innerhalb des Christentums kam. Alle Missionstätigkeit, die noch folgte, verdichtete das Bild. Diese dritte Phase der Christianisierung wurde vor allem von angelsächsischen Mönchen auf dem Kontinent getragen.

Wir kommen damit in die Zeit, die etwa ein Jahrhundert nach Gregor dem Großen anzusetzen ist. Einer der großen Missionare war der northumbrische Adlige Willibrord († 739). 690 kam er mit elf Gefährten nach Friesland. Vorwiegend wirkte er in jenen Gebieten, in denen die Franken bereits die politische Macht hatten. Ihm verdanken wir die Gründung des Bistums Utrecht sowie des Klosters Echternach, wo er starb. Willibrord richtete nur gelegentlich einzelne Vorstöße in das freie Friesland. Unterstützt wurde er dabei von dem „Apostel der Deutschen“, von Bonifatius. Die Differenzen zwischen dem älteren Willibrord und seinem jüngeren Mitstreiter müssen gewaltig gewesen sein, auch wenn Wilibald, der Biograf von Bonifatius, davon spricht, dass die Entzweiung zwischen den beiden Männern deren Einklang nicht hätte stören können.

Eigentlich hieß er gar nicht Bonifatius, sondern Wynfrith. Den bekannten Namen Bonifatius erhielt er im Mai 719 anlässlich seiner Ernennung zum Missionar der Heiden: Gregor II. erteilte den Missionsauftrag und gab ihm den Namen des Heiligen vom Vortag. Die Anfänge von Wynfriths Biografie liegen im Dunkeln. 672/75 in Wessex geboren wurde er schon als Kind dem Klosterleben versprochen. So verbrachte er prägende Jahre bei den Benediktinern. Annähernd zwanzig Jahre lebte er im Kloster Nursling, das er im Jahre 716 zu einer ersten, freilich erfolglosen Missionsreise nach Friesland verließ. Nach seiner Rückkehr 717 wählte man ihn zum Abt.

Er war mehr als vierzig Jahre alt, als er ein Jahr später endgültig Abschied von England nahm. Sein Weg führte ihn nach Rom. Die päpstliche Ernennung zum Missionar bedeutete für ihn die Erfüllung seines Lebenstraumes. So zog er zurück in den Norden und arbeitete zeitweilig mit Willibrord zusammen. Doch sein eigentliches Interesse galt dem noch weitgehend heidnischen Hessen. Er gründete Stützpunkte, so das Kloster in Fritzlar. 722 weihte Gregor II. ihn zum Missionsbischof ohne festen Sitz.

Bonifatius hatte Kontakte mit den Herrschern seiner Zeit. Er verkehrte mit Liutprand, erhielt vom fränkischen Hausmeier Karl Martell († 741) einen Schutzbrief und ließ sich von dessen Söhnen Karlmann und Pippin mit der Reform der fränkischen Landeskirche beauftragen. Doch seinen eigentlichen Auftrag – die Mission – vergaß er nie. In Geismar ließ er die Donareiche fällen, was großen Eindruck auf seine Umgebung machte, und in Sachsen, wo Karl Martell bereits einen erfolgreichen Feldzug geführt hatte, initiierte er den ersten bedeutsamen Versuch der Christianisierung überhaupt. Gregor III. jubelte in einem Brief vom Oktober 739 über die hunderttausend Seelen, die dem Schoß der Kirche zugeführt worden seien. Doch dank der dürftigen Quellenlage – man muss die Inhalte aus dem päpstlichen Schreiben erschließen – lässt sich kaum sagen, was tatsächlich geschehen war. Wenn die Bekehrung der Sachsen tatsächlich mit Massentaufen abgeschlossen wurde, dann scheinen die Betroffenen die Sache eher als heitere Einlage eines rüstigen Greises denn als Verpflichtung verstanden zu haben, denn sie hielten unbeirrt an ihrem alten Glauben fest.

Mehr Glück in der Missionierung der Sachsen war einem etwas jüngeren Landsmann von Bonifatius beschieden. Im Jahre 780 bestellte der spätere Kaiser Karl der Große den Angelsachsen Willehad († 789) zum Missionar der Sachsen, die sich dem Christentum widersetzten. Insbesondere den Wigmodi-Gau (das Gebiet rechts der unteren Weser) sollte Willehad christianisieren. In der Tat wurde der Missionar 787 zum ersten Bischof in Sachsen geweiht mit Sitz des Episkopats in Bremen.

Der Überlieferung nach hielt sich Willehad lange in der Gegend des heutigen Blexen, also im Bereich der Wesermündung, auf. Die Friesen

69 Schon früh verehrte man den Missionar Bonifatius († 754) als „Apostel der Deutschen“. Nach seinem Tod in der Nähe von Dokkum überführte man den Leichnam über Utrecht und Mainz nach Fulda. Dort befindet sich sein Grab im Dom.

70 Bonifatius stellte das Frauenkloster Tauberbischofsheim unter die Leitung seiner Verwandten Lioba. Ihr schenkte Karl der Große eine Kirche mit einem Hofgut in Schornsheim, wo sie im September 782 starb. Vor wenigen Jahren gedachte man ihrer in Schornsheim mit einer Statue.

dort wollten von seinem Christengott und den Wundertaten, von denen Willehad erzählte, nichts wissen. Sie spotteten über Willehads Glauben und verlangten, ein Wunder zu sehen; dann würden sie glauben und sich taufen lassen. Nach einem nächtlichen Traumgesicht rief Willehad die Friesen zusammen, um ihnen ein Wunder Gottes zu zeigen. Er ging in die Nähe der von ihm erbauten Kapelle und stieß seinen Stab tief in die Erde. Klares, süßes Wasser quoll aus der Erde hervor. Die Friesen fanden es köstlich. Sie glaubten an das göttliche Zeichen und ließen sich taufen. Die Quelle wurde zu einem Brunnen erweitert, der als „Willehadus-Brunnen" noch heute im Blexener Pfarrgarten erhalten ist.

Zurück zu Bonifatius. Er gründete Frauenklöster als Stützpunkte im Hinterland. Für die Leitung des Klosters in Tauberbischofsheim holte er seine Verwandte Leobgyta – besser als Lioba bekannt – heran. Ihr Haus wurde bald zum Zentrum der Ausbildung von an der Mission beteiligten Frauen – die gab es auch! Lioba war eine hoch gebildete Frau mit enger Verbindung zum Königshof. Karl der Große schenkte ihr eine Kirche mit einem Hofgut in Schornsheim, wenig südlich von Mainz. Hier starb sie im September 782. Zur letzten Ruhe überführte man sie in ihre Grabeskirche auf dem Petersberg bei Fulda, damit ganz in die Nähe des Grabes ihres großen Verwandten Bonifatius.

Dessen Verbindungen zum Herrscherhaus sind bereits angeklungen. Bonifatius ging auf die achtzig Lebensjahre zu, als man ihn 751 heranzog, um König Pippin zu salben. Mit diesem Akt war die päpstliche Zustimmung zum Übergang der Macht in Franken von den Merowingern auf die Karolinger erteilt. Genauer gesagt handelte es sich um einen Staatsstreich der karolingischen Dynastie, der von Stephan II. gebilligt und gewollt wurde.

Bonifatius begab sich zwei Jahre später noch einmal zur Mission bei den Friesen. Ganz im Norden, zwischen Zuidersee und Ems, fand er im Juni 754 den Tod. Eine Horde von Räubern überfiel bei Dokkum die Feier der Firmung, die Bonifatius leitete. Dabei seien alle Beteiligten erschlagen worden. Bonifatius habe ein Evangelienbuch schützend vor sein Haupt gehalten; das Buch ist erhalten, die Hiebspuren sind noch heute zu sehen. Bonifatius starb als Märtyrer. Sein Leichnam wurde zur Beisetzung in das Kloster Fulda – einer eigenen Gründung aus dem Jahr 744 – überführt.

Aufrecht wie im Tod stand Bonifatius auch im Leben. Seine Christianisierung erreichte Hessen, Friesland und Thüringen. Nur bei den Sachsen, seinen Stammensverwandten, konnte er nichts ausrichten. Er unterstützte das römische Papsttum und dessen Verbindung mit der katholischen Landeskirche der Franken. Er scheint geahnt zu haben, dass die fränkische Kirche besser bei den an die Macht drängenden Karolingern als bei den herrschenden Merowingern aufgehoben war. So unterstützte er das Bündnis der neuen Dynastie mit der Kurie in Rom und setzte damit zugleich auch politische Akzente für das mittelalterliche Europa. Seine benediktinische Herkunft hat Bonifatius nie vergessen. Mit seinem Wirken setzte sich die benediktinische Ordensregel gegenüber anderen Regeln – etwa der des Columban – endgültig durch. Diese Einheitlichkeit beförderte die weitere Verbreitung des Christentums – der Aufstieg war abgeschlossen.

71 In der Missionierung der Sachsen hatte Willehad († 789) gute Erfolge. Dazu verhalfen ihm der Überlieferung nach Wunder, wie etwa von der Gemeinde in Blexen (Unterweser) überliefert. Dort errichtete man eine Kirche über dem Märtyrergrab des hl. Hippolyt. Die einzige Verbindung von außen zur Grabstätte hin war bis in das 19. Jahrhundert ein kreisrundes Loch in der Wand, ein so genanntes Hagioskop.

Ämter und Liturgie der frühen Christen 9

Wenn wir heute von „Kirche" oder „der Kirche" sprechen, können sehr unterschiedliche Dinge gemeint sein. In der Kirche wird der Hauptgottesdienst – das Amt – zelebriert. So wird man beim Begriff „Kirche" zunächst einmal an die „Amtskirche" mit ihren Würdenträgern denken, kaum jedoch an die frühchristliche Gemeinschaft mit ihren Märtyrern als Bürdenträger. In dieser Gemeinschaft gab es zunächst keine Hierarchie der Ämter und Amtsinhaber gab es deshalb ebenfalls nicht.

Vielleicht stellt man sich „Kirche" auch als grandiose Architektur, als „Abbild des himmlischen Jerusalem" vor. Aber warum nur? Die urchristliche Gemeinschaft kannte keine sakrale Architektur! In den urchristlichen Gemeinden konnte die Mahlfeier zum Gedenken des Abschiedsmahles Christi an jedem Ort stattfinden. Dazu bedurfte es weder eines Altares noch eines Kirchenbaus. Anfänglich waren die christlichen Riten ganz schlicht und einfach. Wie konnte sich eine solche dramatische Änderung bis hin zu den heutigen Institutionen der Kirchen durchsetzen? Was blieb vom ursprünglichen Selbstverständnis der Mahlgemeinschaft?

Der Auftrag

Die Kirche ist – damals wie heute – eine Gemeinschaft. Von der politischen Gemeinschaft – in der griechischen Sprache eine *ekklesia* – setzte sich dann die Gemeinschaft des Herrn – die *kyriaké ekklesia* – ab. Im Laufe des vierten Jahrhunderts wurden vielerorts Gotteshäuser gebaut; sie erhielten die Bezeichnung *kyriakón* oder (in verkürzter Form) *kyrikón*. Daraus entwickelte sich unser Wort „Kirche". Gegenüber den Verhältnissen in der Urgemeinde finden wir in diesem spätantiken Begriff also schon jene Erweiterung, die die Architektur betrifft. Das wird uns noch ausführlicher beschäftigen. – Theologisch gesprochen ist die Kirche die Gemeinschaft der gläubigen Christen, die durch das Wirken des Heiligen Geistes das Geheimnis des göttlichen Heils und der göttlichen Gnade bewahrt. Das Heil und die Gnade kamen durch Christus in die Welt. Dieses Erlösungswerk Christi fortzusetzen ist die vornehmste Aufgabe des Glaubenden. Der Auferstandene selber erteilte mit seinen letzten Worten auf der Erde den Auftrag dazu:

> *19 Darum geht zu allen Völkern und macht alle Menschen zu meinen Jüngern; tauft sie auf den Namen des Vaters und des Sohnes und des Heiligen Geistes, 20 und lehrt sie, alles zu befolgen, was ich euch geboten habe.*
> *(Mt 28, 19–20)*

In diesem berühmten triadischen Taufbefehl – triadisch deshalb, weil die Dreiheit von Vater, Sohn und Heiligem Geist benannt ist – steckt ein riesiger Auftrag. Alle Menschen sollen zu Jüngern werden, also zu Christen. Welcher Zündstoff in dieser Anweisung steckte, mussten die Jünger schon bald feststellen, als es zu Auseinandersetzungen über die Frage der Juden- und der Heidenmission kam. Es krachte gewaltig, als die Apostel diese Fragen auf ihrem Konzil zu lösen suchten. Davon haben wir bereits Kenntnis (s. Kap. 2).

Zwei Schlussfolgerungen lassen sich aus diesem Vorgang ziehen. Zum einen wird deutlich, wie schwer es ist, Streitfälle unter Gleichberechtigten zu lösen; so gehen Petrus und Paulus nach dem Apostelkonzil mit einem Kompromiss, nicht aber gleichen Sinnes auseinander. Noch ganz leise, aber vernehmbar, erhebt sich der Ruf nach einer Führungspersönlichkeit, letztlich damit der Ruf nach einem Amt an der Spitze. Als Petrus Jerusalem verließ, übergab er die Leitung der Gemeinde an Jakobus, einen Bruder Jesu (s. Kap. 3). In gewissem Sinne war das eine amtliche Übergabe an einen Nachfolger. Mit anderen Worten: Es wurde zunehmend schwerer, in einer größer werdenden Gemeinschaft ohne amtliche Struktur auszukommen.

Zum anderen bedeutete der Missions- und Taufbefehl Christi eine Festlegung auf zwei große Bereiche im gottesdienstlichen Geschehen der Urgemeinde: zu dem Abendmahl als der Gedächtnisfeier gesellte sich die Taufe. Ein eucharistischer Gottesdienst mit Lesung, Gebet und Hymnen musste zu Zeiten der Urgemeinde vermutlich nicht von allzu festen Formen geprägt sein. Ein Anwachsen der Aufgaben, wie

72 Wenn aus der Schar der Apostel zwei herausgehoben werden, dann handelt es sich in der Regel um Petrus und Paulus. Hier führen die Apostel die beiden Heiligen Praxedis und Pudenziana auf Christus zu. Links Papst Paschalis († 824) zu seinen Lebzeiten (vgl. Abb. 11).

etwa durch die Tauffeiern, verlangte zunehmend eine Strukturierung des Gottesdienstes. Eine solche Ordnung bezeichnet man auch als Liturgie.

Liturgische Fragen

Der Begriff Liturgie verweist ebenfalls auf griechische Herkunft: *leiturgía* bedeutet Dienst, auch: öffentlicher Dienst. Das Wort verweist – lexikalisch bezeichnet – auf die Gesamtheit der gottesdienstlichen Formen einer Ortskirche. Liturgie ist also in unserem Zusammenhang eine Gottesdienstordnung, welche die Folge von Lesungen, Gebeten, Gesängen und so fort beschreibt und damit die gottesdienstliche Versammlung gliedert. Als sich die Gottesdienste aus den einfachen Formen der urchristlichen Gemeinschaft lösten und sich die Ansprüche steigerten – so ab dem vierten Jahrhundert mit dem Bau eigener Gotteshäuser –, vergrößerte sich auch der liturgische Apparat. Das bezieht sich keineswegs nur auf die Aufgaben jener Männer, die die Gottesdienste leiteten, sondern auch auf die Architektur.

Meistens überrascht die Aussage, Architektur sei ein Teil der Liturgie. Doch man kann sich ganz einfach vorstellen, welche Änderungen die Einführung eines Altares in den Gottesdienst hatte. Das geschah übrigens auch im vierten Jahrhundert. Wenn ein Priester am Altar Handlungen vornehmen soll, muss ein solcher Tisch vorhanden und an jeweils gleicher Stelle im Gottesdienstraum zu finden sein. Das folgende Kapitel wird diese Fragen ausführlich würdigen. Hier nur zwei kleine Beispiele zur weiteren Erläuterung. Verlangt die Liturgie die Trennung von klerikalem und laïzistischem Raum, müssen Chorschranken her. Die meisten sind inzwischen wieder verschwunden, genauso wie die berühmten Sängerkanzeln von Donatello und Luca della Robbia, die im fünfzehnten Jahrhundert zur Bereicherung des musikalischen Lebens in den Florentiner Dom eingebaut wurden. – Man sieht: Liturgie ist vielen Wandlungen unterworfen.

Die Gründe für diese Änderungen ergeben sich aus mancherlei Zusammenhängen, die an anderer Stelle näher betrachtet werden. Hier seien sie nur kurz genannt. Die wichtigste Ursache für Änderung und Anpassung liturgischer

Formen lag zweifellos in dem Wachstum der Gemeinden. Immer mehr Menschen strömten den Kirchen zu, vor allem ab dem vierten Jahrhundert, als die Lage ruhiger wurde: im oströmischen Reich gab es massenhaft Zuwachs, und auch die Mönchsgemeinschaften wuchsen. Wichtig für die liturgische Entwicklung waren nicht zuletzt die Pilgerströme zum Heiligen Land wie auch zu den Stätten bedeutender Reliquien. Ein kleines Beispiel aus späterer Zeit, um diesen Gedanken zu verdeutlichen: Die Romanik schuf den Chorumgang, damit die Wallfahrer angemessen auf Knien rutschend die Heiligen der Kirche verehren konnten. – Damit haben wir zeitlich vorgegriffen, um die generellen Überlegungen zur Liturgie abschließen zu können.

Die Gottesdienste der Urgemeinde erwuchsen in weiten Teilen aus jüdischen Wurzeln. Doch im Gegensatz zu jüdischen und auch hellenistischen Vorbildern gab es bei den Christen keine Opfer als Gaben für Gott: der Opfertod Christi, verstanden als letzte Vollendung aller Sühneopfer, ließ bei den Urchristen diesen Gedanken nicht zu. Somit fehlten auch die entsprechenden kultischen Handlungen, was zur Folge hatte, dass die Christen sich von ihrer Umgebung absetzten und wie in einer Gegengesellschaft lebten. Athenagoras verteidigt die Christen in einer „Bittschrift“ aus dem Jahre 177 an den Kaiser Marc Aurel und Commodus gegen Atheismus und Verweigerung des Opfers:

> *1 Betrachtet mit mir, ihr Kaiser, nun in folgender Weise jeden der beiden Vorwürfe, und zwar zuerst den, dass wir nicht opfern. 2 Der Schöpfer und Vater dieses Alls bedarf keines Blutes, keines fetten Rauchs von verbranntem Opferfleisch und keines Wohlgeruchs von Blüten und Räucherwerk, denn er ist selbst der vollkommene Wohlgeruch, es mangelt ihm an nichts, und er braucht nichts von außen*
>
> *(Athenagoras, Bittschrift 13, 1–2)*

Den Christen galten ganz andere Werte als Opfer: Askese, Gottesliebe und Nächstenliebe (s. Kap. 1) gehörten dazu, übrigens auch das Martyrium. Erst im Laufe des zweiten Jahrhunderts entstand die Vorstellung vom Opfercharakter des eucharistischen Mahles. Dazu sogleich nähere Angaben. Da sich Änderungen des liturgischen Geschehens zuerst nur langsam durchsetzten – übrigens immer im Sinne zu größerer Einheitlichkeit hin –, die Entwicklung von Ämtern hingegen schneller vonstatten ging, ist es sinnvoll, darauf einen ersten Blick zu werfen.

Die Schlüsselgewalt Petri …

„Du bist Petrus“: In riesigen Lettern zitiert eine lateinische Inschrift jenen Vers des Matthäus-Evangeliums, nach dem Jesus diesen Mann an die Spitze der Jünger stellt (Mt 16, 18). Ihm werden – so der folgende Vers – die Schlüssel des Himmelreiches übergeben werden, die Gewalt zu binden und zu lösen. Diese Stelle war bereits weiter vorn bedeutsam (s. Kap 3). Die Macht zu binden und zu lösen, also Sünde zu behalten oder zu vergeben, ist eine reguläre Vollmacht, stellvertretend für Christus ausgeübt. Ist mit dieser herausgehobenen Stellung Petri bereits ein Amt gegeben? Gewiss, er hatte die Leitung der Urgemeinde inne; ein Amt bekleidete Petrus damit jedoch nicht – jedenfalls nicht in dem Sinne, wie man später die Ämter verstand. Die Leitung der Jerusalemer Gemeinde war nun – wie bereits gesehen (s. Kap. 3) – nicht ganz unproblematisch. Nach seiner Verhaftung und der folgenden spektakulären Befreiung durch einen Engel gab Petrus die Leitung an Jakobus ab und verschwand aus dem Blickfeld des Erzählers. Der wendet sich Paulus zu. Dieser bekehrte Saulus sah seine Beauftragung direkt durch den Herrn (s. Kap. 2). War denn nun Petrus der Leiter der kleinen Schar der Jünger? Hatte er eine „amtliche Vollmacht“?

73 Um 640 errichtete der hl. Trudpert die erste Einsiedelei rechts des Rheins beim heutigen Ort Münstertal. Das heutige barocke Erscheinungsbild der Klosteranlage geht auf das 18. Jahrhundert zurück. Das Hauptportal der Kirche rahmen Standbilder von Petrus (links) und Paulus.

74 Das Apsismosaik der ravennatischen Kirche S. Apollinare in Classe (6. Jahrhundert) verweist gleich zweimal auf die zwölf Apostel, die Leiter der Jerusalemer Urgemeinde, dargestellt als Lämmer: In der Apsiskalotte begleiten sie den Titelheiligen, der in Gebetshaltung unter dem Gemmenkreuz steht, und am Apsisbogen entsteigen sie den Städten Bethlehem und Jerusalem, die Anfang und Ende des heilgeschichtlichen Geschehens bedeuten.

Das Neue Testament gibt auf diese Fragen keine spezifische Antwort. Erst die nachbiblische Tradition bringt beide – Petrus und Paulus – in Rom zusammen und beschreibt deren Martyrien (s. Kap. 2). Später stellte die Überlieferung Petrus und Paulus gleichberechtigt neben Christus (s. Abb. 72); die Bilder finden sich von der Spätantike bis zur Neuzeit. So löste sich elegant das Problem, dass man doch im Grunde keinen der beiden großen Nachfolger Christi an die erste Stelle bringen konnte – Amt hin oder her.

… und die Urgemeinde

Nun waren es aber zwölf Jünger, die Christus – mit Ausnahme von Matthias, auf den die Wahl kraft des Gebetes fiel – selber berufen hatte. Alle hatten den Auftrag zur Verkündigung; das machte sie zu Aposteln. Sie waren aber damit im Sinne des Kirchenrechts keine Amtsträger, sondern Repräsentanten des Gottesvolkes, als das sich die Urgemeinde verstand. Diese erste Gemeinde brauchte aber keine durchgreifende Organisation, da sie das kommende Reich Gottes alsbald erwartete, sich somit also am Ende des weltlichen Geschehens sah! Wer hätte da an Ämter gedacht? Der Urgemeinde fielen bestimmte Aufgaben zu: neben der Mahlfeier vor allem die Taufe der Bekehrten. Anfänglich benötigte man dazu nicht einmal eine Taufordnung. Ämter im übergreifenden Sinne kannte die Urgemeinde allem Anschein nach nicht.

Probleme traten aber mit der Ausdehnung der frühen Kirche über Jerusalem hinaus auf. Denn es erhob sich die Frage, wie sich die verschiedenen Gemeinden zueinander verhalten sollten. Es fand sich eine Lösung, die in vielem an das Apostolat erinnerte. Jeder Apostel zog für sich in die Welt hinaus, um das Wort zu predigen. Davon lesen wir im zweiten Brief des Paulus an die Korinther:

> *19 Ja, Gott war es, der in Christus die Welt mit sich versöhnt hat, indem er den Menschen ihre Verfehlungen nicht anrechnete und uns das Wort von der Versöhnung (zur Verkündigung) anvertraute. 20 Wir sind also Gesandte an Christi statt.*
>
> *(2 Kor 5, 19–20)*

Paulus beschreibt eine ganz wichtige Aufgabe: Es ist das Amt der Verkündigung der Versöhnungsbotschaft – freilich nicht als Amt im rechtlichen

Sinne, sondern als Pflicht, als Aufgabe. Zugleich ist mit diesen Worten auch die Aufforderung zum Wortgottesdienst, zur Predigt verbunden. Die einzelnen Gemeinden, die sich außerhalb des Zentrums bildeten, sollten sich gleichermaßen verhalten. Keine Gemeinde war herausgehoben; jede einzelne diente der Kirche und repräsentierte sie, so wie jeder Apostel „an Christi statt" predigte.

Prekär wurde die Lage für die frühen Christen, als sie mit zunehmendem zeitlichen Abstand zur Himmelfahrt Christi wahrnehmen mussten, dass das Reich Gottes auf der Erde immer noch nicht angebrochen war. Es bestand also die Notwendigkeit, sich auf Dauer in dieser Welt einzurichten und eine „apostolische" Tradition zu schaffen. Mit dem Tod des letzten Apostels endete nach allgemeinem Verständnis die Zeit des Urchristentums. Es ist die Zeit, in der der Kanon des Neuen Testaments sich herauszubilden begann und in der auch die Nachfolge der Apostel geregelt werden musste.

Roms Wunsch nach Führung

An dieser Stelle bedarf es nur eines kleines Rückblicks. Wir sahen bereits, dass der Verfasser des ersten Clemens-Briefes den Korinthern gegenüber mit der Autorität des Heiligen Geistes argumentierte (1 Clem 63, 1–2; s. Kap. 3). An anderer Stelle desselben Briefes bekräftigt jener Clemens die Bedeutung des Bischofsamtes, war er doch selber einer der Episkopen der zu dieser Zeit noch kollegial geleiteten christlichen Gemeinde in Rom:

> *1 Auch unsere Apostel wussten durch den Herrn Jesus Christus, dass es Streit geben würde um das Bischofsamt. 2 Aus diesem Grunde nun setzten sie, da sie genauen Bescheid im Voraus erhalten hatten, die oben Genannten ein und gaben dabei Anweisung, es sollten, wenn sie stürben, andere erprobte Männer deren Dienst übernehmen.*
>
> *(1 Clem 44, 1–2)*

Nun war Clemens selber ein Apostelschüler. Doch seine Aussage, die apostolische Folge sei letztlich von Jesus selber vorgegeben, lässt sich nicht wirklich belegen. Tatsache ist, dass die Gemeinde in Korinth Schwierigkeiten hatte – und Rom griff ein, ohne dass die Korinther darum gebeten hätten. Der Brief an die Korinther könnte mehr bedeutet haben als nur eine brüderliche Ermahnung. Zeitlich ging damit – wie gesehen – die Vereinnahmung Petri für Rom einher. So wurde soeben noch im ersten Jahrhundert – der Brief gehört in die Jahre um 96/98 – die Vormachtstellung Roms vorbereitet. Irenäus, Bischof von Lyon, formulierte in seiner Abhandlung „Gegen die Häresien" (III, 3, 2) im späten zweiten Jahrhundert den Gedanken des Vorrangs der römischen Kirche. Zur Durchsetzung dieser Idee bedurfte es freilich einer rechtlich-amtlichen Stellung des römischen Episkopats. In der Tat entstanden im Laufe des zweiten Jahrhunderts kirchliche Ämter, die neben der Aufgabe der Dienstleistung für den Amtsinhaber einen rechtlichen Titel bedeuteten. Zugleich sind sie Teil des sich allmählich wandelnden liturgischen Geschehens. Die wichtigsten Ämter seien kurz vorgestellt.

Der Bischof

Dem Wortsinn nach ist der Bischof ein „Aufseher". Der griechische Begriff *epískopos* (Beobachter, Aufseher) oder *episkopé* (Aufsichtsamt, Bischofsamt) – in der deutschen Sprache als „Bischof" oder als „Episkopat" übernommen – hat keinen christlichen Ursprung, sondern ist viel älter. Die frühen Christen bedienten sich der Worte, um damit eine Tätigkeit zu beschreiben, die zunächst den Ältesten zugeordnet war. Eine amtliche Funktion im rechtlichen Sinn gab es, wie gesehen, nicht. Wohl aber beschreibt das Neue Testament ein hochkarätiges Anforderungsprofil an den Dienstleister: Er müsse ein Mann ohne Tadel sein, nur einmal verheiratet,

75 Die frühchristliche Kirche kannte Bischofskirchen, die wegen der besonderen amtlichen Stellung des Bischofs gegenüber anderen Kirchen herausragten. Nur wenige der frühen Kirchen haben sich tatsächlich erhalten; hier ein Blick in die Kathedrale von Bosra (5. Jahrhundert) in Syrien.

nüchtern – ganz wörtlich: kein Trinker – und gastfreundlich, rücksichtsvoll und nicht streitsüchtig, ein guter Familienvater und ein guter Erzieher seiner Kinder; auch dürfe er kein Neubekehrter sein, weil er sonst hochmütig werden und dem Gericht des Teufels verfallen könnte. Reichlich viel, was hier im ersten Brief an Timotheus verlangt wird (3, 1–7; als Verfasser wird Paulus genannt, doch der Brief dürfte nicht unmittelbar von ihm stammen). Hochinteressant außerdem: ein Bischof mit Familie und Kindern – von Zölibat keine Spur; die Diskussion über die Ehelosigkeit der Würdenträger entbrannte erst im vierten Jahrhundert.

Es gibt also den Episkopat zur Zeit der Urgemeinde. Doch – wie bereits gesehen – war nicht ein einzelner Bischof verantwortlich für die Leitung einer Gemeinde, sondern ein Kollegium. Im frühen zweiten Jahrhundert ändern sich die Gegebenheiten. Einzelne Textquellen – so verschiedene Hinweise in den Briefen von Ignatius von Antiochien – weisen nur noch einen einzelnen Bischof als Verantwortlichen aus. Ignatius erlitt sein Martyrium in der Regierungszeit von Kaiser Trajan (98–117). Das bedeutet: Im zweiten Jahrhundert setzt sich offensichtlich die institutionalisierte Form eines einzelnen Bischofs als dem Leiter einer Gemeinde durch. Man spricht auch vom „monarchischen Episkopat". Ignatius mahnte seine Adressaten, dem Bischof und dem Presbyterium als dem Rat der Ältesten Gehorsam zu erweisen (z. B. Brief an die Epheser 2, 2). Das Bischofsamt führte er jedoch nicht auf die Apostel zurück. Die kirchliche Ordnung galt ihm als Abbild der himmlischen Ordnung, der Gottesdienst als Teilhabe der Gemeinde am himmlischen Gottesdienst der Engel; das stärkte die Stellung des Bischofs – und zwar des *einen* Bischofs – als Leiter der Gemeinde, da er als Repräsentant des einen Gottes auf Erden galt. Damit gab es nicht nur Gleichklang mit dem Neuen Testament (1 Tim 3, 15), sondern zugleich auch eine bemerkenswerte Gefahrenabwehr: Der Monepiskopat konnte der möglichen Zersplitterung der christlichen Gemeinschaft durch einzelne Hausgemeinden, die besonders in Rom zu finden waren, am ehesten entgegenwirken.

76 Der Grabstein des Diakons Besontio und seiner Nichte Iusticiola aus Boppard datiert aus dem 5. oder 6. Jahrhundert. Neben der Amtsbezeichnung „Diakon" verweisen Tauben, Kreuze und das Christusmonogramm auf den christlichen Zusammenhang.

Man sieht: Auch das Amt des Bischofs war vielen Wandlungen unterlegen. Mit fortschreitender Zeit wurden auch bestimmte äußere Einflüsse wichtiger. Während anfänglich viele Kleriker – sicher auch Bischöfe – mit ihren Familien zusammenlebten und einen Beruf zum Broterwerb ausübten, suchte man im Laufe des fünften Jahrhunderts diese weltlichen Einflüsse auszuschalten. Gegen etwa 450 ging die Tendenz dahin, dass die Kleriker Beruf und Familie aufgaben. Für den Unterhalt von Klerus und Bischof musste jetzt die Bischofskirche aufkommen. Den Gemeinden wurde etwa ein Jahrhundert später das bis dahin geltende Recht der Direktwahl des Bischofs entzogen. Diese Aufgabe fiel den dann den Bischöfen der benachbarten Diözesen zu. Nur so jedenfalls ist die Beschwerde alpenländischer Bischöfe zu verstehen, die den Einfluss fränkischer Kollegen auf Bischofsweihen im Ostalpenraum beklagten.

Die Presbyter

Die Jerusalemer Urgemeinde orientierte sich in ihren Strukturen an der Synagogenordnung des umgebenden Judentums. In der Apostelgeschichte ist verzeichnet, wer die Beschlüsse fasste (Apg 15, 22): „die Apostel und die Ältesten zusammen mit der ganzen Gemeinde". Die Ältesten werden als die *Presbyter* bezeichnet. In der deutschen Sprache finden beide Begriffe Verwendung. Die Presbyter galten als bevollmächtigte Vertreter des Bischofs, den sie bei der Verkündung des Wortes, der Seelsorge und bei der Verwaltung der Sakramente unterstützten. Mit bischöflichem Auftrag leiteten sie die Eucharistiefeier und unterwiesen Katechumenen. Von daher oblagen ihnen priesterliche Funktionen. Von Frauen im Ältestenrat hört man im vierten Jahrhundert in einigen Erwähnungen. Nur wenig später wird aber das priesterliche Amt allein einem Mann zugesprochen, wie es noch heute in der katholischen Kirche üblich ist.

Die Presbyter wurden durch eine feierliche Weihe mit bischöflicher Handauflegung und begleitendem Gebet in ihr Amt eingeführt. Allein schon dadurch stand ihre Funktion höher als die der Diakone.

Diakon und Diakonin

Paulus beginnt seinen Brief an die Gemeinde in Philippi mit einem Gruß:

> *Paulus und Timotheus, Knechte Christi Jesu, an alle Heiligen in Christus Jesus, die in Philippi sind, mit ihren Bischöfen und Diakonen.*
> *(Phil 1, 1)*

Es gibt also die Bezeichnung der Diakone im Neuen Testament. Bedeutsamer ist aber, dass die Presbyter nicht erwähnt sind – in den von Paulus betreuten Gemeinden scheinen sie keine Rolle gespielt zu haben. Die Diakone sind den Bischöfen an die Hand gegeben, dem Wortsinn nach als Diener (griech.: *diákonos*). Es findet sich keine präzise Beschreibung des Amtes, wohl aber ein Pflichtenheft guter Charaktereigenschaften. Danach müssen Diakone achtbar sein, doppelter Zunge und der Trunksucht entsagen. Man solle sie prüfen; wenn sie unbescholten und auch die Frauen (eine Frau als Diakonin!) ehrbar seien, sie – wie die Bischöfe – ihren Familien und Kindern gut vorstünden, dann könnten sie ihren Dienst ausüben (1 Tim 3, 8–13). Immerhin gab es eine Bezahlung für die Arbeit der Diakone: Hilfestellung bei der bischöflichen Ausübung des Kultes, Armen- und Krankenpflege, Verwaltung der Armenkasse und was sonst noch an sozialkaritativen Arbeiten anfiel. Das Lehramt blieb ihnen wie die Priesterfunktion versagt. Der Diakon war dem Presbyter unterstellt.

Frauen in diesem Amt – später nannte man sie Diakonissen – hatten vor allem den Frauen zu dienen. Sie unterrichteten die Taufkandidatinnen und spendeten bei der Taufe den Frauen die Salbung. Die Stellung einer Diakonin wurde nicht hoch angesehen; sie war dem Diakon untergeordnet und zudem von der Entlohnung ausgenommen.

77 Das Bema – im Bild im Vordergrund – war vor allem bei Kirchen im Osten der erhöhte Ort, von dem aus der Gottesdienst geleitet wurde. Der Bischof und die Presbyter hatten ihre Sitzplätze auf dem sog. Synthronon, einer Stufenanlage in der Apsis. Diese Basilika in Resafa (Syrien) wurde 559 geweiht.

Der Dienst des Diakons gehörte aus heutiger Sicht sicher nicht zur „gehobenen Laufbahn“. Doch wer in der antiken Gesellschaft überhaupt zu diesen unteren Weihegraden vorgestoßen war, brauchte sich nicht zu schämen. Das möchte man zumindest angesichts eines liebevoll gestalteten Grabsteines des Diakons Besontio und seiner Nichte Iusticiola vermuten – zwei gallorömische Namensträger des fünften oder sechsten Jahrhunderts, die unter den Tauben des Heiligen Geistes und dem Christusmonogramm verewigt sind.

78 Chorschranken – hier in der frühchristlichen Kirche S. Sabina in Rom – trennten in vielen Kirchen den Raum der Amtsträger gegenüber dem der Laien ab.

Liturgie und Kirchenbau

Um den Erfordernissen der Liturgie dienen zu können, entstanden differenzierte Ämter. Die ursprünglich formlose Erfüllung gottesdienstlicher Aufgaben – so etwa der Taufe, wie wir sogleich sehen werden – wich mehr und mehr einem komplexen Gefüge, in dem eine Änderung die nächste nach sich zog. Der Ausruf eines Minucius Felix (um 200 n. Chr.), die Christen hätten keine Tempel und keine Altäre, klingt noch nach (s. Kap. 3). Hier nur ein kleiner Vorverweis auf das folgende Kapitel: Tempel – also Gotteshäuser – und Altäre gab es später!

Im vierten Jahrhundert gehörten im lateinischen Westen (Rom, Italien, Nordafrika) zu einem Gottesdienst im Wesentlichen drei Teile. Er umfasste zum ersten den Lese- und Wortgottesdienst zusammen mit dem feierlichen Einzug der Kleriker, einer Prozession, die wohl im Mittelschiff stattfand. Im Mittel- und in den Seitenschiffen standen nach dem Auszug der Katechumenen nur noch die Getauften. Es gab Lesepulte wohl ähnlich denen in profanen Basiliken. Bischof und Presbyter saßen im Halbrund der Apsis auf erhöhten Bänken.

Die eigentliche Eucharistiefeier, also das Kultmahl (auch dazu sogleich Näheres) mit der Gabendarbringung der Gemeinde war der zweite Teil des Gottesdienstes. Diese Darbringung setzte eine geregelte Prozession zu den Opferaltären (Tischen) voraus. Das eucharistische Opfer wurde an einem Altar am Ende des Mittelschiffs verrichtet. Die ausgewählten Opfergaben – Brot und Wein – wurden dann zum Hauptaltar getragen. Dort sprach der Bischof das Eucharistiegebet mit dem Kernstück der Einsetzungsworte und der Weihe der Opfergaben.

Die Kommunion, also die Austeilung von Brot und Wein an die Gläubigen, beendete den Gottesdienst. Sie fand an den Schranken des Sanktuariums statt, wohin eine erneute Prozession erfolgte.

Weil Christus als *aufgehende Sonne* dereinst von Osten wiederkehren sollte, richtete man Gebet und Kirchen nach Osten aus. Auch die Priester zelebrierten in der Regel in Richtung Osten, kehrten also den Gläubigen den Rücken zu.

Die Eucharistie

Das erste Kapitel dieses Buches befasste sich bereits kurz mit der Eucharistie als Mahlfeier. Sie rückte in den Gottesdiensten mehr und mehr an zentrale Stelle und war somit ein bedeutendes Element der Liturgie. In der frühen christlichen Tradition sind zwei unterschiedliche Formen des Mahles beschrieben. Uns ist heute die durch Paulus überlieferte Form geläufig. Zur Erinnerung die entsprechenden Verse aus dem ersten Korintherbrief:

> *23 Denn ich habe vom Herrn empfangen, was ich euch dann überliefert habe: Jesus der Herr nahm in der Nacht, in der er ausgeliefert wurde, Brot, 24 sprach das Dankgebet, brach das Brot und sagte: Das ist mein Leib für euch. Tut dies zu meinem Gedächtnis! 25 Ebenso nahm er nach dem Mahl den Kelch und sprach: Dieser Kelch ist der Neue Bund in meinem Blut. Tut dies, sooft ihr daraus trinkt, zu meinem Gedächtnis!*
>
> *(1 Kor 11, 23–25)*

Die wesentlichen Bestandteile – Brot und Wein – wurden beide gesegnet. Die Christen standen damit in bester jüdischer Tradition, aber sie erweiterten die alten Formulare der Mahlfeier um die Offenbarung durch Jesus. Davon gibt die um 110/120 n. Chr. entstandene *„Didache"* eine gute Vorstellung. Dem sog. Bechersegen dieser Kirchenordnung (s. Kap. 1) folgt der Brotsegen:

> *3 Betreffs des Brotes:*
> *Wir danken dir, unser Vater,*
> *für das Leben,*
> *das du uns offenbart hast durch Jesus,*
> *deinen Knecht.*
> *Dir die Herrlichkeit in Ewigkeit.*
> *5 Niemand aber soll von eurer Eucharistie essen noch trinken als die auf den Namen des Herrn Getauften! Denn auch hierüber hat der Herr gesagt: Gebt das Heilige nicht den Hunden!*
>
> *(Didache, Kap. 9, 3 u. 5)*

Wein und Brot – mehr nicht! – werden mit Gebeten den Christen dargebracht, freilich nur den Getauften. Die Eucharistiefeier geht über die rein kultische Handlung hinaus, wie aus den folgenden Zeilen der *„Didache"* hervorgeht:

10. 1 Nach der Sättigung sagt folgendermaßen Dank:
2 Wir danken dir, heiliger Vater,
für deinen heiligen Namen,
den du in unseren Herzen hast
Wohnung nehmen lassen,
und für die Erkenntnis, Glaube
und Unsterblichkeit,
die du offenbart hast durch Jesus,
deinen Knecht. ...
14. 1 An jedem Herrentag versammelt euch,
brecht das Brot und sagt Dank, indem
ihr dazu eure Übertretungen bekennt,
damit euer Opfer rein sei!
(Didache, Kap. 10, 1 u. 2, Kap. 14, 1)

Diese schon eingangs (s. Kap. 1) herangezogene Kirchenlehre gebietet also ganz präzise, am „Herrentag" – das ist der Sonntag (vgl. 1 Kor 16, 2) – Brot zu brechen und Dank zu sagen. Es ist ein reguläres Sättigungsmahl (Vers 10, 1 weist ausdrücklich darauf hin) mit Danksagung. Darum bezeichnet der Verfasser der *„Didache"* dieses Mahl auch als Eucharistie. Dieser griechische Begriff der *Eucharistía* bedeutet die Dankbarkeit und das Dankgebet.

Das in dieser Apostellehre beschriebene Mahl besteht aus Brot und Wein – eine für heutige Begriffe schwer vorstellbare schmale Kost. Das Brot wurde gebrochen, ein Vorgang, den man noch heute im Orient beobachten kann, wenn der Vorstand des Hauses das Fladenbrot in Stücke reißt. Der Verfasser notiert ein reguläres Dankgebet als Formel, an dessen Worte man sich halten kann. Entsprechend gibt es auch den Segen für den Wein: den Bechersegen. Zum Abschluss spricht man nach der Sättigung ein drittes Dankgebet. Alle Gebete sind verbunden mit Zitaten aus dem Neuen Testament: aus dem Vaterunser. Erst die Gebete machen aus der sonntäglichen gemeinschaftlichen Mahlfeier die eigentliche Eucharistie.

Der Vorgang entspricht dem Ablauf eines aus der urchristlichen Umgebung wohlbekannten jüdischen Mahles, das ebenfalls von besonderen Gebeten begleitet wurde. Die Christen feierten aber die Eucharistie an einem Sonntag, dem Tag der Auferstehung Jesu. In Jesus als dem „Knecht Gottes" (Vers 9, 2f. und 10, 2) erfüllt sich die heilsgeschichtliche Erwartung der Christen. Damit löst sich die in der *„Didache"* beschriebene Eucharistiefeier von der jüdischen Vorlage ab. Sie ist aber dennoch nicht identisch mit jenem besonderen Kultmahl, das Paulus im ersten Korintherbrief (11, 23–25) benennt und nach dem noch heute die Einsetzungsworte zitiert werden, denn dieses Mahl wird ausschließlich im Gedenken an das heilsgeschichtlich so bedeutsame Opfer Christi gefeiert. Dieses Kultmahl bezeichnet man auch als Abend- oder Herrenmahl, da man es am Tag des Herrn, am Sonntag feierte. Der Märtyrer Justin († 165 in Rom) schließlich verbindet das Wort Eucharistie mit jener Tradition des Herrenmahles, die sich auf die Passion Christi bezieht. Das entspricht dem heutigen Verständnis der Eucharistie.

79 Der sog. eucharistische Sarkophag (Arles, Museum) entstand gegen 350. Die mittlere der sieben Nischen zeigt Christus mit der Schriftrolle, der das neue Gesetz bringt. Ihm zur Seite Apostel, die Brot (links) und Fische bringen – Symbole der Eucharistie.

An der Eucharistiefeier darf nur der Getaufte teilnehmen. Damit verselbständigt sich die Eucharistie gegenüber dem in der frühen Gemeinde recht bekannten „Liebesmahl" oder Agape-Mahl, das oftmals karitative Züge annahm, so etwa zur Witwenspeisung. Eine nochmals andere Charakteristik des gemeinsamen Mahles tritt uns beim Evangelisten Johannes entgegen: Das Mahl geht mit der Fußwaschung durch Jesus einher, nur so habe Petrus, der die Fußwaschung nicht an sich geschehen lassen wollte, Anteil an Jesus (Joh 13, 1–10). Petrus empfing von Jesus

80 Das Abendmahl im Gedenken an das letzte Mahl Christi mit seinen Jüngern ist immer wieder dargestellt worden. Hier ein Blick auf das untere Register über dem Nordportal der gotischen Kathedrale von Bordeaux.

81 Im Johannes-Evangelium wird beschrieben, dass Jesus den Jüngern die Füße wäscht. Diese Tat ist zugleich ein Auftrag für seinen Nachfolger Petrus, dem er auf diesem Sarkophag des 4. Jahrhunderts (Museum Arles) die Gesetzesrolle übergibt: Das römische Papsttum wird legitimiert.

die Macht, zu binden und zu lösen. Bildhauer haben in frühchristlicher Zeit die Themen verbunden: die Übergabe des Gesetzes und die Fußwaschung. – Eigene Züge trägt das Totenmahl, das sich aus dem heidnischen Kult herleitete. Doch das soll in anderem Zusammenhang gewürdigt werden (s. Kap. 12).

Ein weiterer Eckpfeiler: die Taufe

In den Zeiten des Urchristentums gab es bei der Taufe keine wirklichen Formalien. In der Apostelgeschichte, die (nach Apg 1, 1) auf Lukas, den Verfasser des dritten Evangeliums, zurückgeht und somit noch im ersten Jahrhundert entstanden sein dürfte, wird nur betont, es müsse Wasser da sein:

> *36 Als sie nun weiterzogen, kamen sie zu einer Wasserstelle. Da sagte der Kämmerer: Hier ist Wasser. Was steht meiner Taufe noch im Weg? 38 Er ließ den Wagen halten und beide, Philippus und der Kämmerer, stiegen in das Wasser hinab und er taufte ihn.*
>
> *(Apg 8, 36 und 38)*

Das Neue Testament lässt keinen Zweifel daran, dass alle Menschen getauft werden sollen. Und so steht der Taufbefehl, bezogen auf den Vater, den Sohn und den heiligen Geist, unmittelbar hinter der Aufforderung zur Mission. Die beiden Verse aus dem Matthäus-Evangelium (28,19–20), die den Taufbefehl enthalten, sind ganz am Anfang dieses Kapitels zitiert.

82 Die Taufe bedeutet den eigentlichen christlichen Aufnahmeritus und damit die Teilhabe an Tod und Auferstehung Christi. Der Taufkandidat wurde ursprünglich untergetaucht oder mit Wasser übergossen. Dazu bedurfte es geeigneter Becken, der Taufpiscinen. In dem Baptisterium von Riva San Vitale (Tessin) liegt über dem oktogonalen Immersionsbecken (zum Eintauchen des ganzen Körpers) die große monolithe Wanne des 9. Jahrhunderts.

Die inzwischen wohlbekannte *„Didache“*, nur wenig später als das Matthäus-Evangelium entstanden, verzeichnet denselben so genannten triadischen Taufbefehl, der sich gegenüber der einfachen Anrufung Christi bei der Taufe (vgl. z. B. Apg 19, 5) durchsetzt:

> *1 Betreffs der Taufe: Tauft folgendermaßen: Nachdem ihr vorher dies alles mitgeteilt habt, tauft auf den Namen des Vaters und des Sohnes und des heiligen Geistes in lebendigem Wasser! 2 Wenn dir aber lebendiges Wasser nicht zur Verfügung steht, taufe in anderem Wasser! Wenn du es aber nicht in kaltem kannst, dann in warmem! 3 Wenn dir aber beides nicht zur Verfügung steht, gieße dreimal Wasser auf den Kopf im Namen des Vaters und des Sohnes und des heiligen Geistes! 4 Vor der Taufe soll der Täufer und der Täufling fasten und, wenn es möglich ist, einige andere! Du sollst dem Täufling gebieten, ein oder zwei Tage vorher zu fasten!*
>
> *(Didache, Kap. 7, 1–4)*

Für die Ausführung zeigt dieser Text einen großen Spielraum auf. Die Taufe erfolgte durch Eintauchen in das Wasser oder durch Übergießen, in fließendem – lebendigem – Wasser oder in stehendem, das wärmer ist. In ähnlich offener Weise äußerte sich auch wenig später der Märtyrer Justin († 165 in Rom): Durch Beten und Fasten sollen die Täuflinge Verzeihung für die Sünden erbitten. Dann „werden sie von uns an einen Ort geführt, wo Wasser ist, und werden neu geboren“ (Apologie 61). Auch für den um 240 gestorbenen christlichen Schriftsteller Tertullian (Über die Taufe 4, 3) ist es gleich, ob die Taufe im Meer oder in stehendem Wasser, im Fluss oder einer Quelle, im Teich oder in einem Becken stattfindet. Somit haben auch die Taufhäuser oder besser -räume zu dieser Zeit noch keine feste architektonische Form. Das kann man sehr schön an dem Beispiel der Hauskirche mit eingestelltem Baptisterium in Dura Europos in Syrien (um 232/233 eingerichtet, 256 aufgegeben) beobachten. Ein länglicher, rechteckiger Raum nimmt an einer Schmalseite die Taufpiscina auf, die mit ihrem Halbrundbogen ein wenig an ein Bogengrab erinnert. Eine verbindliche Form der Architektur, einen Typus der Taufstätte, gibt es erst seit dem vierten Jahrhundert, seit der Zeit Kaiser Konstantins.

Die Voraussetzung dafür schuf Hippolyt mit seiner Kirchenordnung (Kap. 40–46). Hippolyt war Vorsteher einer römischen Kirche. Von seinem Leben ist nur wenig bekannt. 235 wurde er nach Sardinien verbannt; wahrscheinlich starb er kurz darauf. Das aufwändige liturgische Geschehen, das mit einem dreijährigen Unterricht beginnt (Zeiten, die man so später nicht mehr kannte), ist begründet in den verschiedenen Tätigkeiten vor, während und nach der Taufe. Zunächst einmal trieb der Bischof unter Handauflegen jeglichen „fremden Geist" aus den Täuflingen aus. Am Tauftag selber wurden die entkleideten Täuflinge im Becken getauft – zuerst die Kinder, dann die Männer und zuletzt die Frauen. Zunächst entsagten bei dieser Zeremonie die Täuflinge dem Satan, woraufhin sie mit dem Exorzismus-Öl gesalbt wurden. Sodann wurden sie nackt zum Taufbecken geführt, wo sie gemäß dem römischen Glaubensbekenntnis drei Mal nach ihrem Glauben befragt und nach jeder Antwort – sie lautete: „Ich glaube" – getauft wurden. Den Abschluss dieses Teils bildete die zweite Salbung mit dem Öl der Danksagung. Zum Schluss wurden dann die wieder bekleideten Täuflinge in die Kirche geführt – als Ungetaufte hatten sie den geweihten Ort ja nicht betreten dürfen – und unter Wiederholung der triadischen Formel ein drittes Mal gesalbt: „Ich salbe dich mit dem heiligen Öl im Herrn, dem allmächtigen Vater, und Jesus Christus und dem Heiligen Geist". Mit dem Friedenskuss und der Feier der Eucharistie endete die Taufzeremonie.

Die grundlegenden Formen dieser Taufliturgie blieben erhalten. Dionysius Areopagita (Ende 5. / Anf. 6. Jh.) hielt sie in der „Kirchlichen Hierarchie" fest, und auch Caesarius, Erzbischof von Arles († 542), beschrieb in seinen Predigten diesen Vorgang. Für ihn betrug jedoch die Vorbereitungszeit nicht Jahre, sondern nur wenige Wochen oder im Notfall nur einige Tage. Auch die Formen der eigentlichen Taufe waren nicht so streng fixiert wie man es vermuten könnte. Neben dem Untertauchen oder dem Übergießen galt auch die Taufe durch Besprengen des Täuflings, wie Cyprian, ab 248 Bischof von Karthago, in einem Brief festhält.

Eben dieser Cyprian forderte auch die frühe Taufe. Die Sünde Adams hätte allen Menschen die Gnade Gottes entzogen; somit könnte es keine Menschen – auch keine Neugeborenen – in sündenfreiem Zustand geben. Von dieser Erbsünde müssten auch die Säuglinge befreit werden, um ihr Heil nicht zu gefährden. Dem Ungetauften drohte schließlich die ewige Verdammnis. Diesen Gedanken der Erbsünde hat schließlich der Kirchenvater Augustinus († 430) in der Auseinandersetzung mit Pelagius hervorgehoben. Damit setzte sich die Kindertaufe in der Tat allmählich durch. Dem Einwand, das Kind sei ja noch viel zu klein, um seinen Willen zum Glauben zu bekunden, begegnete Augustinus in einem Brief an Bonifatius mit dem Hinweis, das Kind werde in das Sakrament des Glaubens eingestellt und damit selbst zum Glaubenden werden.

Dieser kleine Überblick über die Entwicklung der Taufe in frühchristlicher Zeit zeigt bedeutsame Wandlungen der Auffassung. Im Urchristentum war sie ein Teil des Heilsgeschehens, das – wo es gerade möglich war – vornehmlich Erwachsenen zukam. Die immer höhere Formalisierung des liturgischen Geschehens heftet der Taufe in der Spätantike den Charakter einer „Eintrittskarte" zum Christentum an. Da in Zeiten hoher Kindersterblichkeit wegen der drohenden Verdammnis niemand ungetauft sterben sollte, konnte der überkommene Termin der Taufe – das Osterfest – nicht mehr allein gehal-

83 Zum frühen Mittelalter hin änderte sich der Taufritus, und die Zahl der Tauftermine stieg. Man hätte sich jetzt mit kleineren Taufkirchen zufrieden geben können. Doch Städte wie Florenz, Pisa, Parma, Volterra oder – hier im Bild – Pistoia wetteiferten um das schönste Baptisterium.

ten werden. Die Gesunden, schreibt der bereits erwähnte Caesarius von Arles, sollten bis Ostern warten, aber körperlich schwache Menschen könnten auch an anderen Tagen getauft werden. Und wer seinen Sohn an einem anderen Festtag zu taufen wünsche, solle sieben Tage zuvor mit ihm zur Kirche kommen.

Für die Taufe an Ostern errichtete man eigene große Gebäude, die Baptisterien. Durch die Einführung einer auch zeitlich gestreuten Kindertaufe hätte es dieser Großbauten eigentlich nicht mehr bedurft. Kleinere Taufbecken innerhalb der Bischofs- und Pfarrkirchen hätten ohne Frage ausgereicht, um alle Taufen durchzuführen. Solche Taufstätten gab es auch seit dem frühen Mittelalter. Dennoch setzte man vornehmlich in Italien im hohen Mittelalter die Tradition der großen, freistehenden Taufarchitekturen fort. Weltberühmt sind sie, die herrlichen Baptisterien etwa in Florenz oder Pisa! Schließlich möchte man als Bauherr auch ein wenig repräsentieren …

Der liturgiegeschichtliche Überblick zur Taufe im frühen Christentum ist damit abgeschlossen. Die zugehörigen Architekturen sollen im folgenden Kapitel gesondert betrachtet werden.

Das wichtigste Fest: Ostern

Für die Christenheit bedeutet das Ostergeschehen das höchste Fest im Ablauf des Jahres; es ist das Fest der Auferstehung Christi. Das Ostergeschehen steht somit heilsgeschichtlich an erster Stelle. Doch dieses Ereignis zu feiern brachte die frühen Christen in einige Nöte. Denn anscheinend hielten in der Urgemeinde die konvertierten Juden an der altüberlieferten Passah-Feier,

84 Die Berechnung des Termines des Osterfestes muss das solare und das lunare Jahr verbinden. Nur alle 19 Jahre treffen die Anfänge von Sonnen- und Mondjahr zusammen. Deswegen findet sich die Einteilung der Tafeln zur Berechnung des Osterfestes in 19 Segmente (Diözesanmuseum Ravenna; 6. Jh.).

die auf den vierzehnten Nisan fiel, fest. Dies ist ein Datum aus dem jüdischen Mondkalender, das die Tag- und Nachtgleiche im Frühling bezeichnet. Nun galt den frühen Christen aber der achte Tag – ein Sonntag – als Tag der Auferstehung Jesu (s. Kap 1). So wurde anfänglich auch der Sonntag als Tag des Gedächtnisses der Auferstehung Christi gefeiert. Das eucharistische Mahl in diesen sonntäglichen Gottesdiensten sollte das gemeinsame Mahl im Reich Gottes bedeuten.

Es ist bis heute nicht bekannt, wie sich aus diesen Anfängen eine alljährliche selbständige Osterfeier entwickelt hat. Im Laufe des zweiten Jahrhunderts setzte eine Tendenz zur Trennung von jüdischen Traditionen ein. Damit wurde auch der übernommene Termin des Passah-Festes in der Übertragung auf das Osterereignis strittig. Der Ruf nach einer jährlich wiederkehrenden Osterfeier an einem Sonntag wurde immer lauter; es scheint, dass sich dieser Gedanke im Laufe des dritten Jahrhunderts durchsetzte. Es musste aber ein für alle Christen verbindlicher Termin gefunden werden, damit die Osterfeiern nicht in das Belieben einzelner Gemeinden fielen. Diese Festlegung traf man auf dem Konzil von Nizäa im Jahre 325. Um die dort gefundene Lösung zu verstehen, muss man sich kurz mit den antiken Kalendarien auseinandersetzen.

Zunächst ein Blick auf den altgriechischen Kalender: Man rechnete teils mit dem Sonnen-, teils mit dem Mondjahr. Das Mondjahr ist um elf Tage kürzer als das Sonnenjahr. D. h., alle 33 Jahre fehlt ein ganzes Jahr. Deswegen fügten die Griechen Schaltjahre mit 13 Monaten ein. Der wichtigste Kalender stammte von dem Astronomen Meton, der die Sommersonnenwende am 28. Juni 432 v. Chr. beobachtete. Meton hatte berechnet, dass 19 Sonnenjahre gleich 235 Mondmonate sind, dass also nach 19 Jahren die verschiedenen Mondphasen wieder auf die gleichen Tage des Sonnenjahres fallen. Damit ergab sich der altgriechische Lunisolarkalender, der ausreichend mit den Jahreszeiten übereinstimmt.

Mit dem Lunisolarkalender und dem metonischen Zyklus der 19 Sonnenjahre hängt nun auch die Berechnung des Zeitpunktes des Osterfestes zusammen. Festgelegt wurde der Ostertermin im Ablauf des Jahres auf dem ersten ökumenischen Konzil von Nizäa (bei Nikomedien). Ostern, so die Definition, falle auf den ersten Sonntag nach dem auf die Tag-und-Nacht-Gleiche (Äquinoktium) des Frühjahrs folgenden Vollmond.

Also:

1. Schritt: Das Äquinoktium im Frühling am 21. März,
2. Schritt: der nächste Vollmond, und
3. Schritt: der erste Sonntag danach.

Das Ereignis des Vollmondes ist gegenüber dem Sonnenjahr beweglich. Dadurch wird das Osterfest verschiebbar. Der Ostersonntag kann frühestens am 22. März und muss spätestens am 25. April gefeiert werden. Damit werden auch alle von Ostern abhängigen Feste, wie z. B. das Pfingstfest, bewegt.

Eine Tafel aus dem 6. Jh. im Dom-Museum von Ravenna gibt wertvolle Hinweise zur Berechnung des Osterfestes. Es ist eine astronomische Tafel mit 19 Sektoren, die also genau dem genannten metonischen Zyklus mit dem Aufeinandertreffen von Sonne und Mond in den Perioden der 19 Jahre entspricht. Sie ermöglicht die Berechnung der Ostertermine für den Zeitraum der Jahre 532–626.

Zu eben jener Zeit, als diese Tafel entstanden sein dürfte, setzte sich eine weitere, bis auf den heutigen Tag nachwirkende Neuerung durch. Es war der Vorschlag, den der Abt Dionysius Exiguus im Jahre 525 vorlegte. Dieser Mönch sollte im päpstlichen Auftrag die Osterzyklen neu berechnen. Dabei schlug er vor, die Zählung nach der für die Christen tyrannischen Ära Kaiser Diokletians fallen zu lassen zugunsten einer Angabe, die sich auf das Ureigenste des Christentums beziehe – die Menschwerdung Christi. Zu diesem Zeitpunkt setzte also erst die Zählung der Jahre „nach Christi Geburt" ein, die bis heute gebräuchlich ist.

Ostern ist das alte Hauptfest im kirchlichen Jahresablauf. Wir pflegen es eher mit allgemein wenig verstandenen Symbolen anzugehen, wobei die volkskundlich durchaus interessante Verbindung zwischen Hase und Ei (s. Kap. 11) weitgehend unbekannt ist. Wichtiger ist in diesem Zusammenhang die zunächst sehr starke, dann gelockerte und schließlich aufgegebene Bindung des Tauftermins an das Osterfest. Somit greift – wie auch bei der österlichen Eucharistie – in liturgischer Hinsicht eines ins andere. Es ist kein Zufall, dass jene Kerze, die bei der Nachtwache zum Ostersonntag dem Diakon Licht spendete, um die langen österlichen Liturgien zu lesen, anschließend zur symbolischen Durchlichtung in das Taufbecken gestellt wurde.

Die Krippe beim Weihnachtsfest

Es ist kaum möglich tatsächlich zu sagen, wann das Weihnachtsfest als Feier der Geburt Christi seinen Ursprung hatte. Weiter als bis in die Zeit um etwa 350 n. Chr. kann man die Tradition kaum zurückverfolgen. Als ältestes Zeugnis für das Fest gilt eine Weihnachtspredigt eines nordafrikanischen Bischofs aus den Jahren um 360.

Die Weihnachtsfeier fällt auf den 25. Dezember. Vielleicht hing die Wahl dieses Tages mit dem Kult des römischen „unbesiegten Sonnengottes", des *Sol invictus*, zusammen. Dieser Gott Mithras erfuhr in der römischen Kaiserzeit einen weit verbreiteten Kult bis in die Provinzen hinein. Der Geburtstag dieses Lichtgottes, der 25. Dezember, diente vielleicht den Christen als Tag eines Gegenfestes. Es würde nicht überraschen, mahnte doch im fünften Jahrhundert Papst Leo der Große in einer Weihnachtspredigt, nicht der natürlichen Sonne zu huldigen, sondern der wahren Sonne der Gerechtigkeit, also Christus, die Ehre zu erweisen. Folgerichtig stellte man dann auch Christus mit dem Strahlenkranz – dem Nimbus – dar (s. Kap. 11).

Weihnachten als Fest der Geburt Christi wird viel früher als allgemein vermutet mit der Darstellung der Krippe verbunden. Bereits frühchristliche Sarkophage (s. Abb. 39) zeigen die Krippe mit dem Christuskind, das so richtig

85 Der Osterleuchter trägt das Licht in die Osternacht zum wichtigsten christlichen Fest. Dieser besonders schöne Leuchter befindet sich in der mittelalterlichen Kirche von Anagni.

stramm in Windeln eingewickelt ist – ein knappes Jahrtausend bevor der als „Vater der Krippendarstellung“ gefeierte Maler Giotto in dem berühmten Bild der Weihnachtsfeier in Greccio in der Oberkirche von Assisi das Kind in die Arme des heiligen Franz legt. Bis weit in das 19. Jahrhundert hinein hat man die Kinder auch wirklich so gewickelt. In der Barockzeit entstanden besonders reich ausgeprägte plastische Bilder solcher Wickelkinder, auch „Fatschenkindl“ genannt. Diese Bezeichnung ist vom lateinischen *fasciae* (Wickelbänder) abgeleitet. In unserer Zeit ist diese bis in das frühe Christentum zurückreichende Tradition weitgehend zum Erliegen gekommen.

Musik und Liturgie

Wir sahen es schon: Ursprünglich bedeutete der Gottesdienst die Teilhabe der Gemeinde am himmlischen Gottesdienst der Engel. Unten erklang die Musik der Menschen, oben die der Engel. Doch was für das Mittelalter und die Neuzeit selbstverständlich war, musste sich in der frühen Kirche erst entwickeln. Mehrfach drohte den musikalischen Beiträgen zur Liturgie das Aus. So verbannte St. Justinus (103–168) alle Instrumente aus der Kirche. Die Musiker hatten ihren Beruf zu wechseln oder man verweigerte ihnen die Taufe. Auch Hieronymus (347–420) hielt alle Musikinstrumente für verderblich. Auf dem Konzil von Arles im Jahre 314 wurden alle Schauspieler und Theaterleute exkommuniziert. Also gab es keine Musik und übrigens auch keine Orgelmusik. Es ist heute nicht mehr bekannt, dass die Orgel nicht das eigentliche Instrument der Kirchenmusik ist, sondern ein weltliches Instrument. Ein Exemplar kam im 8. Jahrhundert durch eine Schenkung von Byzanz nach Mitteleuropa. Die Orgel war somit eigentlich ein Palastinstrument. Erst deutlich später erhob man sie wegen der Vielfältigkeit der Töne und Klangfarben zum Hauptinstrument der Kirchenmusik.

86 Die Tradition der Weihnacht als Fest der Geburt Christi lässt sich erst ab etwa 350 verfolgen. Schon früh verbindet man damit das Kind in der Krippe zwischen Ochs und Esel, so wie hier auf dem elfenbeinernen Bischofsstuhl Maximinians in Ravenna zu sehen (6. Jh.).

Es gab auch andere Bestrebungen. Von Caesarius (* um 470, † 542), Erzbischof von Arles, ist überliefert, es habe ihn sehr gestört, dass viele Leute nur zum Schwätzen in die Kirche gekommen seien, darunter selbst Kleriker. So habe Caesarius die Leute beschäftigen und sie mitwirken lassen wollen. Von daher kam er auf den Gedanken, die Gemeinde in größerem Ausmaß mitsingen zu lassen. Das Laienvolk, so die Lebensbeschreibung von Caesarius, sollte Psalmen und Hymnen mitsingen. Analog dazu führte Caesarius auch den Volksgesang ein. – Doch das sind einzelne Darstellungen, die den Blick auf die größeren Entwicklungslinien verstellen.

Die patristische Literatur, die Texte also der Kirchenväter, kennt zahlreiche Dokumente, die sich mit Bedeutung und Gestaltung christlichen Singens und Musizierens auseinandersetzen. Man kann drei Aspekte unterscheiden.

Zum einen: Die antike Musiktheorie verbindet u. a. musikalische, mathematische, poetische, ethische, theologische Aspekte miteinander. Im christlichen Sinne wird die darin ausgedrückte vollkommene Ordnung auf die Schöpfung Gottes und die damit verbundene Gottesebenbildlichkeit des Menschen übertragen. Das schließt einen Auftrag an den Menschen ein: Der in der Musik gespiegelten Vollkommenheit Gottes muss der Mensch Ausdruck verleihen. Das geht aus dem sechsten Buch des Traktates „Über die Musik“ von Augustinus hervor. Boethius unterscheidet später deutlich zwischen der *musica mundana* – der Sphärenharmonie –, der *musica humana* – der Harmonie im Menschen – und der *musica instrumentalis* – der klingenden Musik.

Zweitens: Zunächst werden im frühen Christentum jüdische Formen des musikalischen Gotteslobes und des Dankes übernommen, auch Hymnen (vgl. Lk 1, 46–55). Aber im Zuge deutlicher werdender Kritik des jungen Christentums gegenüber dem Judentum entstehen auch eigenständige Gesänge. Somit gibt es Tradition und Bruch. Musik außerhalb des liturgischen Geschehens wurde vom frühen Christentum verurteilt. Von daher rührt auch die Ablehnung von Musikinstrumenten, die in der patristischen Literatur wieder und wieder zu finden ist.

Zum dritten schließlich fordert das Neue Testament zum Singen, zum Lobgesang auf (Eph 5, 19; Kol 3, 16: *Singt Gott in eurem Herzen Psalmen, Hymnen und Lieder*). Gesungen wurde in früher Zeit der Gottesdienste das Bibelwort, vor allem die alttestamentlichen Psalmen, die man bis in die Messliturgie hereinnahm. Die römische Papstkirche und ihre Sängerschule forcierten die Ausbreitung des Gregorianischen Chorals. Allerdings bildeten sich an etlichen Orten eigene Formen des musikalisch-liturgischen Geschehens heraus; man denke etwa an die beneventanische, die mailändische oder die gallikanische Traditionen. Die *schola cantorum* – eine Sängergruppe unter der Leitung eines Kantors – hatte ihren durch Chorschranken abgeteilten Platz vorn im Hauptschiff, wie z. B. noch heute in der römischen Kirche San Clemente zu sehen. Mit dem Aufkommen der Mehrstimmigkeit geht die Funktion der *schola cantorum* allmählich auf einen Chor über. Zum fortgeschrittenen Mittelalter hin erhält dieser Chor dann einen neuen Platz zwischen Altarraum und Gemeindeschiff. Daraus entwickeln sich dann die bisweilen beträchtlich langen sog. Vorchöre vor der Ostapsis. Vom Sängerchor hat der architektonische Chor seinen Namen erhalten.

87 Die Musik ist ein wesentlicher Teil des liturgischen Geschehens. Man hörte unten in der Kirche den Chor der Menschen und stellte sich oben den Chor der Engel vor. In Cluny verlegten die Bauherren die Musik der Engel in die Kapitellzone: Hier der dritte Ton der Musik (Museum Cluny; um 1100).

Musik, Taufe, Mahlgemeinschaft, auch die Feste im Jahresablauf – alles hatte seinen Sinn in der liturgischen Gestaltung der Gottesdienste. Das ursprünglich recht frei assoziierte Gemeindeleben ging seiner überbordenden Vielheit zugunsten größerer Einheitlichkeit verlustig und die zunächst so frei gehandhabte Taufe erhielt ein Korsett. Sicherlich bedingten die Entwicklungsstränge in der gottesdienstlichen Gestaltung und im Ämterwesen einander. Auf diese Weise konsolidierte sich das frühe Christentum in einer nicht immer freundlichen Umwelt bis hin zur führenden Religion im Staat.

10 Architektur und Plastik der frühen Christen

In diesem Kapitel seien die im Buch verstreuten Notizen zu Architektur und Plastik zusammengestellt und einer kurzen Würdigung unterzogen. So kann deutlich werden, wie sich zunächst langsam und in einzelnen Schritten, zur Spätantike hin deutlicher formuliert, das liturgische Geschehen entwickelte (s. Kap. 9) und damit notwendigerweise auch die zugehörige Architektur. Die plastische Kunst findet sich vor allem bei den Reliefs der Sarkophage; die gibt es in der christlichen Kunst nur recht vereinzelt vor dem vierten Jahrhundert.

Die Anfänge erschienen überaus einfach. In der Urgemeinde von Jerusalem traf man sich in einem Haus. Ein jeder brachte ein, was ihm finanziell möglich war, wenn es nicht gerade betrügerisch ablief wie bei Hananias und seiner Frau Saphira (s. Kap. 3). Die Zusammenkünfte waren nicht informell, aber ohne besondere Formalitäten. Im Orient wie auch in Rom stellten Privatleute ihre Häuser zur Verfügung, in Rom besonders auf dem Caelius, einem der sieben alten Hügel Roms, konzentriert. Diese Kontinuität zeigt sich an verschiedenen Beispielen. Unter der Kirche, die in Rom auf dem Caelius den beiden Heiligen Johannes und Paul geweiht ist, haben Ausgrabungen einen alten Hauskomplex freigelegt mit Malereien sowohl paganer als auch christlicher Kunst. Auch wenn die Geschichte der beiden Titelheiligen wohl in das Reich der Legende gehört: der Übergang von einer Hauskirche zu einer Hauptkirche ist nachvollziehbar.

Eine Hauskirche muss, so die Definition, in einem römischen Privathaus so eingerichtet werden, dass die Räume oder einzelne Räume für den Kult genutzt werden können. Dabei musste eine solche Umnutzung gar nicht einmal mit schwerwiegenden Eingriffen verbunden sein; es reichte, wenn der kultische, für die Eucharistiefeier benützte Teil beispielsweise aus Holz gestaltet wurde. Im syrischen Grabungsfeld von Dura Europos findet sich das vielleicht spektakulärste christliche Hausheiligtum, eingerichtet mitsamt dem Baptisterium kurz nach 230. Wenn der Name des Hausbesitzers auf die spätere Kirche überging, entstand eine Titelkirche (s. Kap. 3).

88 Ursprünglich kamen die christlichen Gemeinden ohne ausgewiesene Kirchenbauten aus. Erst ab der Zeit Kaiser Konstantins gewinnt der Kirchenbau eine eigene Dynamik. Zu den sehr schönen, wenngleich wenig bekannten frühen Architekturen gehört die Kirche des Erzengels Michael in Perugia (5./6. Jh.).

89 Hervorragend erhalten ist die frühchristliche Kirche in Paestum (Süditalien). Als sie im fünften Jahrhundert erbaut wurde, war der Ort – bedingt durch Versumpfung – schon weitgehend verlassen. Beim Bau dieser dreischiffigen, querhauslosen Kirche konnte man auf Altmaterial zurückgreifen. Eine Krypta gibt es nicht. Insgesamt trennen zwölf Säulen die Schiffe voneinander. Zufall? Zwölf ist die Zahl der Apostel.

90 Die Kirche St. Gereon in Köln ist eine architektonische Rarität, weil sie in romanischer Zeit unmittelbar auf den stellenweise wieder sichtbaren Grundmauern eines spätantiken ovalen Gebäudes des vierten Jahrhunderts errichtet wurde. Es ist nicht bekannt, wem dieser Bau ursprünglich zugedacht war; vom hl. Gereon ist erst später die Rede. Der ovale Gründungsbau war im Norden wie im Süden mit jeweils vier Halbrundnischen versehen, die noch heute existieren.

91 Die Kirche Santa Maria in Cosmedin (Rom) ist viel besser durch den berühmten „Mund der Wahrheit" in der Vorhalle bekannt als durch die herrliche frühchristliche Inneneinrichtung mit dem Ambo und den Chorschranken. Meistens hat man solche von der alten Liturgie geforderten Architekturen später entfernt.

Solche Kirchen richtete man zunächst ohne Altäre ein. Das zeigte das Zitat des Minucius Felix (um 200; s. Kap. 3 u. 9). Erst mit der allmählich komplexer werdenden Liturgie (s. Kap. 9), die eine priesterliche Prozession zu bestimmten Plätzen in der Kirche vorsah, kamen die frühen Christen ohne Altäre (s. Abb. Kap. 1) nicht mehr aus. Eigenständiger Kirchenbau scheint erstmals im späteren dritten Jahrhundert aufzutreten, als es vor der letzten Verfolgung durch Diokletian ungefähr vierzig Jahre lang ruhig war (s. Kap. 4). Es ist schwer zu sagen, wie diese Bauten aussahen. Besseres Zeugnis liegt mit den Kirchenbauten ab der Zeit Kaiser Konstantins vor. Es sind nicht nur die großen Pilgerkirchen und Basiliken Roms – man denke auch an Trier (s. Kap. 5) –, sondern auch viele andere Kirchen, die bisweilen in der Form ihrer Architektur Maßstäbe setzten. Zu ihnen gehörten die unter Papst Simplicius (468–483) geweihte Rundkirche Santo Stefano Rotondo auf der Höhe des Caelius in Rom wie auch die wenig bekannte Kirche des Erzengels Michael in Perugia. Man verstand den christlichen Tempel als Abbild des himmlischen Tempels.

Licht aus dem Osten

Im Laufe der Zeit bildete sich eine bestimmte Orientierung der Kirchen nach Osten heraus. Die Ostung ergab sich aus verschiedenen Vorgaben heraus. Christus sollte als „aufgehende Sonne“ aus dem Osten kommen (nach Mt 24, 27; s. Kap. 9). Der Schöpfungsbericht verlegt das Paradies in den Osten (Gen 2, 8): *Dann legte Gott der Herr in Eden, im Osten, einen Garten an.* Ganz nebenher: Die Übersetzung „in Eden“ ist richtig, denn das sumerische Wort „Eden“ bedeutet „Steppe“, „Wüste“. Somit ist die Ausrichtung nach Osten letztlich von der heilsgeschichtlichen Erwartung der frühen Christen bestimmt, die Orientierung der Kirche von der Haltung beim Gebet abgeleitet. Erstaunlich genug und nur selten wahrgenommen: Große Kirchen Roms aus der Zeit Konstantins, wie St. Peter im Vatikan oder die Lateran-Basilika, sind genau anders herum orientiert! – Im Mittelalter baute sich ein reguläres Geflecht der Himmelsrichtungen heraus. Denn die Südseite verstand man als die lichtvolle Seite, an die folglich die Darstellungen des Neuen Testaments gehörten, während die lichtlose Nordseite dem Alten Testament zukam. Brachte nun die Topografie mit sich, dass eine Kirche „falsch“ orientiert war wie etwa die Kollegiatskirche in San Gimignano (12. Jh.), gab es Probleme, denn rechts liegt die Nordseite …

So wie sich die Ostung allmählich durchsetzte, fanden auch weitere liturgische Einrichtungen im Laufe der Zeit ihren festen Platz. So schälte sich immer deutlicher die Sonderstellung des Klerus, überhaupt aller an der Liturgie Beteiligter – also auch der Sänger – heraus. Um das zu zeigen entwickelte man unterschiedliche Lösungen. In vielen Kirchen fanden sich Schran-

92 Klerus und Adel ließen sich gern ein Stück über das gemeine Volk stellen. Das Beispiel hier: Die frühmittelalterliche Abteikirche S. Vincenzo bei Petra Pertusa al Furlo antlang der antiken Via Flaminia, die zu dieser Zeit als Pilgerstraße diente.

ken in der Art, wie man sie aus römischen Gärten kannte. Auf der Außenseite hielten sich die Laien auf, soweit sie die Kirche betreten durften – für den Ungetauften war der geheiligte Boden jenseits der Vorhalle (*Narthex*) tabu –, während im Geviert der Schranken der Klerus amtierte, abgesondert vom und geschützt vor dem Volk (s. Rom S. Sabina; Kap. 9). Es entwickelten sich auch andere Möglichkeiten den Klerus herauszuheben, indem man dessen „Arbeitsbühne" erhöhte. Die syrischen Kirchen kannten das *Bema*, jenen erhöhten Raumteil gegenüber dem Altar, der die Priester für alle sichtbar amtieren ließ (s. Kap. 9). Oder man legte ein so genannte *Synthronon* an: halbkreisförmig eingerichtete Bänke, in Reihen übereinander gestellt, an den Thron des Bischofs anschließend. Die weitere Entwicklung im früheren Mittelalter ließ den Klerus nahezu abheben. Wie z. B. im umbrischen Acqualagna schuf man Kirchen mit (nahezu) ebenerdigen Krypten und so stark erhöhtem Chor, dass die Trennung zwischen Priestern und dem Volk einer Erniedrigung der Allgemeinheit gleichkam. Auch der Adel ließ sich in solcher Weise, also in der zweiten Etage der Kirche oder zumindest auf der Empore, höher stellen. Dafür gab es auch eine passende Begründung: Noah hatte genau drei Söhne, von denen alle Menschen abstammen. Einer der Söhne – Cham – verspottete seinen Vater. Er wurde dafür verflucht und alle seine Nachfahren ebenfalls; sie sind Unfreie. Die Nachfahren Sems seien nach diesem Konstrukt die Freien und die des Japhet seien die Ritter. Damit konnte man beweisen, dass die Menschen gottgegeben ungleich sind.

93 Die christlichen Taufkirchen gehen auf römische Vorbilder zurück. Hier ein Blick auf ein oktogonales Becken, Teil einer römischen Thermenanlage aus der Zeit Kaiser Diokletians.

Taufkirchen

Taufe kann so einfach sein: *Hier ist Wasser, hier sollst du mich taufen* (Apg 8, 36–38; s. Kap. 9). Wir sahen es schon: Ein wenig weiter differenzierten die frühchristlichen Schriften nach der Art des Wassers; mehr aber nicht. Somit hätte die Taufe eine ganz einfache Einrichtung bleiben können. Doch angesichts ihrer hohen Bedeutung verlangte man bald mehr von dieser Institution. Zum einen sollten die Täuflinge bloß keine Dämonen in die Gemeinschaft tragen und sie sollten auch ein wenig Bescheid wissen – Exorzismus und Unterricht begleiteten die Taufe. Die eigentliche Taufhandlung – das Abwaschen –

94 Im frühen vierten Jahrhundert n.Chr., zur Zeit der Regierung Kaiser Konstantins, setzt eine umfassende Bewegung im Kirchenbau ein. Wie in Rom über dem Grabe Petri entstand auch in Jerusalem über dem Grab des auferstandenen Jesus ein Memorialbau. Diese Grabes- und Auferstehungskirche ist neben der Geburtskirche in Bethlehem wohl die bedeutendste religiöse Architektur konstantinischer Zeit. Über eine Freitreppe erreichte man ein Atrium. Der weitere Weg führte entweder direkt in die fünfschiffige Basilika – das sog. Martyrium – oder an den Seiten der Basilika vorbei in jenen großen Säulenhof, der den Kalvarienberg, also den hier vermuteten Golgatha-Hügel, aufnahm. Erst dahinter gelangte der Besucher in die große Rotunde der Grabeskirche, die sog. Anastasis. – Heute teilen sich verschiedene christliche Gemeinschaften mit unterschiedlichen Liturgien in die im Laufe der Jahrhunderte immer wieder umgebaute Grabeskirche.

verselbständigte sich immer mehr (s. Kap. 9). So verwundert es nicht, dass man schließlich die Katechumenen in eigene Taufkirchen führte, bevor sie den geheiligten Boden der Kirche betreten durften. Solche Baptisterien sind ab dem dritten Jahrhundert nachweisbar. An einem solchen Taufort gibt es ein eigenes Taufbecken für den Vollzug der Taufhandlung.

Wie das Wort *Baptisterium* stammt auch die Einrichtung aus der altrömischen Zeit, genauer gesagt: aus der altrömischen Bäderarchitektur. Die räumliche Vielfalt dieser Badepaläste entwickelte sich im zweiten Jahrhundert n. Chr. noch einmal mit neuen Raumformen weiter: mit sechs- und achteckigen Räumen schufen die Römer eine Bauform, die unmittelbar die frühchristlichen Baptisterien beeinflusste. Erinnern wir uns an die Verse eines Ambrosius zu dem oktogonalen Mailänder Baptisterium (s. Kap. 1)! In Oberitalien und Gallien fand die achteckige Taufkirche schwerpunktmäßig Verbreitung, wie etwa in Castelseprio, Lyon oder Fréjus (s. Kap. 8). In Ravenna gab es zwei Taufoktogone: eines für die Arianer und eines für die Orthodoxen. Aber auch in Syrien gab es achteckige Taufkapellen. Sie entwickeln sich zum Mittelalter hin mit einer eigenen, feinen Eleganz: Der Hauptkirche zugesellt, aber räumlich getrennt, kleiner und oftmals erlesen gestaltet rufen sie Namen ins Gedächtnis wie Florenz, Parma, Cremona oder Bergamo.

Grabeskirchen

Ein kleiner Ausblick zur weiteren Entwicklung darf an der Grabeskirche von Jerusalem nicht vorbeigehen. Unter Kaiser Konstantin errichtet, hat die Rotunde über dem Grab Jesu immer wieder zur Nachahmung angeregt. Die Vermittlung erfolgte in der Regel über Jerusalem-Pilger und die gab es schon im vierten Jahrhundert. So eine eigene Grabeskirche für die Reliquien eines stadteigenen Heiligen vermochte das Ansehen einer Gemeinde sehr wohl zu heben. So entschloss man sich in Bologna bereits im fünften Jahrhundert zu dem Bau einer Rundkirche; als Chiesa del San Sepolchro war sie eine Grabeskirche, die die Reliquien des Stadtheiligen Petronius aufnahm. Im zwölften Jahrhundert wurde die Kirche – Teil eines Komplexes von mindestens sechs Kirchen – erneuert, behielt aber die zugewiesene Funktion.

Auch in Deutschland gibt es solche Heilig-Grab-Kirchen. Eine der ältesten westfälischen Kirche ist die Kapelle auf den Drüggelter Höfen. Es handelt sich um einen zwölfeckigen Zentralbau, dessen Entstehung man unlängst bis ins achte Jahrhundert zurückverfolgen wollte. In jedem Falle betritt man mit einer Datierung ins zwölfte Jahrhundert gesicherten Boden. Den Kern bildet ein Rundbau, der auf zwei gemauerten Rundpfeilern und zwei Säulen aufruht. Zwei Umgänge schließen sich nach außen hin an. Sie gestatten wie der romanische Chorumgang (s. Kap. 9) die verehrende Umrundung der Reliquien: ein Merkmal der Heilig-Grab-Kapellen.

Im fränkischen Eichstätt findet sich – ganz unauffällig – in der Kapuzinerkirche eine Nachbildung des Heiligen Grabes von Jerusalem, der man, da maßstabsgerecht, eine hohe Authentizität nachsagt. Dieses „Heilige Grab von Eichstätt“ wurde um die Mitte des zwölften Jahr-

95 So stellt sich einer der bedeutendsten Taufplätze überhaupt dar: Die jordanischen Ausgräber sind überzeugt, hier in Bethanien auf der Ostseite des Jordans den Ort gefunden zu haben, an dem Johannes Jesus taufte (vgl. Joh 1,29). Im Einklang mit antiken Beschreibungen befindet sich der Taufort gleich vorn im beschatteten Bereich; die Marmortreppe rechts diente, vom Umkleideplatz kommend, dem Einstieg.

96 Manche Baptisterien haben sich über die Jahrhunderte nahezu unverändert erhalten, so die Taufkirche von Riez (Südfrankreich) aus dem 5. oder 6. Jahrhundert, mitsamt der Taufpiscina im Boden.

hunderts gebaut. Etwas jünger – wohl gegen 1220/1240 – präsentiert sich im Moselland die Matthias-Kapelle der Oberburg von Kobern-Gondorf. Es wäre möglich, dass einer derer von Kobern das Haupt des Apostels Matthias aus dem Orient mitbrachte und dafür die Kapelle errichten ließ. Ganz sicher wurde diese Reliquie hier verwahrt, denn von hier aus gelangte sie über Umwege in die Abtei St. Matthias in Trier.

Christus, der tragende Pfeiler

Im Laufe des frühen Mittelalters entwickelte sich ein weiterer Gedanke, der in manchen späteren Kirchen einen hohen Rang einnahm: Christus als Säule der Kirche. Ganz in der Nähe der alten Abteikirche – dem heutigen Dom zu Fulda mit dem Grab von Bonifatius (s. Abb. 69) – ließ Abt Eigil gegen 820 die zweistöckige Michaelskapelle errichten. Das Obergeschoss verbindet sich mit den soeben betrachteten Grabeskirchen, denn hier stand früher eine Nachbildung des Heiligen Grabes von Jerusalem. Dieses obere Stockwerk war nun auch mit einer zentralen Mittelstütze, um die sich acht Säulen ranken, angelegt. Der Biograf des Abtes Eigil, ein Mann namens Brun Candidus, notierte wenige Jahre nach dem Tod des Bauherrn einige Sätze zur Bedeutung: Die Kirche habe in Christus den Schlussstein und die feste, tragende Säule; die acht Säulen des Kranzes aber würden den acht Seligpreisungen entsprechen (Mt 5, 3–12). Auf die Achtzahl stießen wir schon einmal: die ambrosianische Symbolzahl der Taufe (s. Kap. 1), zugleich aber auch jene Zahl der Vollendung, die sich zum Beispiel durch die Hinzufügung der Philosophie zu den Sieben

97 Rechts: Das Baptisterium der Arianer in Ravenna, im frühen 6. Jahrhundert entstanden, zeigt die Taufe Christi im Jordan, der als personifizierter Flussgott mit Krebs und Kanne dem Geschehen beiwohnt. Die zwölf Apostel umstehen das zentrale Bildfeld. Sie schließen den mit einem Gemmenkreuz geschmückten Thron Christi ein. Er verweist auf die Wiederkehr Christi und das Weltgericht.

98 Ganz rechts: Das Baptisterium der Orthodoxen in Ravenna aus dem 5. Jahrhundert ist das älteste erhaltene ravennatische Denkmal. Unmittelbar neben dem Dom liegend gehörte diese Taufkirche dem alten katholischen Ritus an.

Freien Künsten ergab (s. Kap. 8 zu Boethius). Die eine Säule aber, die Christus symbolisiert, der die Kirche trägt, befindet sich mit dem herrlichen karolingischen Kapitell in der Krypta von Michael. Da in der Krypta der Kirche St. Cyriak in Sulzburg nahe Freiburg gleichermaßen eine einzelne Säule steht, hat man auch an dieser Stelle eine frühere Entstehung als bei der Kirche darüber erwogen.

Sarkophage

Sarkophage sind Steinkisten zur Aufnahme von Verstorbenen. Sie setzen eine Körperbestattung voraus, die sich entgegen üblicher Meinung bei den Christen erst spät durchsetzte; in den ersten beiden Jahrhunderten war auch bei den Christen die Brandbestattung üblich. Nun war die kostengünstige Variante der Körperbestattung die Beisetzung in einer Katakombe. Mit diesem Begriff bezeichnet man Friedhöfe, die außerhalb der Stadtgrenzen in den weichen Stein eingetieft wurden. In die Wände der dabei entstehenden Gänge verlegte man die Grabstätten, die bisweilen schön verziert sein konnten. Die Christen folgten mit der Umstellung der Bestattungsweise wiederum den zeitgenössischen Gebräuchen; kurz: sie passten sich an. Körperbestattungen gab es auch in vorchristlicher Zeit. Daran knüpfte das Christentum wieder an, wie der christliche Advokat Minucius Felix zu Anfang des dritten Jahrhunderts festhält (Octavius 34, 10). Katakomben waren somit nicht der Ausgangspunkt für neue Entwicklungen im frühen Christentum. Ohnehin ist den Katakomben – zumindest im Einzugsbereich Roms – nur eine

99 Die Grabeskirchen trugen stets die Erinnerung an das Heilige Grab in Jerusalem; sie waren aber auch eigenständige Kirchen zur Aufnahme der Gräber bedeutender lokaler Heiliger. So befindet sich in der Kirche S. Sepolchro in Bologna, begründet im 5. Jahrhundert, das Grab des hl. Petronius.

100 Das Baptisterium des syrischen Simeonsklosters liegt der Kirche mit der Säule des Styliten Simeon (s. Abb. 41) auf einem Hochplateau gegenüber. Das Taufbecken befindet sich neben dem oktogonalen Raum.

101 Rechts: Der Kernbau der Kapelle auf den Drüggelter Höfen (Sauerland) entstand möglicherweise schon im 8. Jahrhundert. Wegen des schweren Mittelbaus – ein gemauerter Pfeiler erscheint im Bild – geht man von einer Nachbildung der Heilig-Grab-Kirche von Jerusalem aus.

102 Ganz rechts: Die historistische Restaurierung der mittelalterlichen Matthias-Kapelle von Kobern-Gondorf an der Mosel verstellt fast den Blick auf die Architektur, die mit dem Umgang um das Zentrum auch eine Nachbildung der Heilig-Grab-Architektur von Jerusalem bedeutet.

103 Rechts: Unauffällig in die Kapuzinerkirche von Eichstätt eingebunden findet sich ein mittelalterlicher Rundbau, der als maßstabsgerechte Kopie der Jerusalemer Grabarchitekktur gelten darf.

104 Ganz rechts: Die „eine steinerne Säule" inmitten eines höhlenartigen Gangs – die zentrale Säule der Krypta der Michaelskirche in Fulda – deutet der Biograf Brun Candidus um 840 als „Abbild Christi und der Kirche".

105 Im Oratorium des hl. Bernardino in Perugia befindet sich der Sarkophag des hl. Aegidius. In der Mitte der bartlose, erhöht sitzende Christus als Lehrer zwischen einigen Aposteln. Man vermutet, dass dieser Sarkophag aus derselben Werkstatt stammt wie der des Iunius Bassus (Abb. 31), somit also in die Jahre um 360 gehört.

kurze Zeitspanne zugemessen worden, denn mit der Eroberung der Stadt durch die Westgoten im Jahre 410 wurden die meisten Katakomben aufgegeben. Und nachdem man späterhin die Reliquien in die städtischen Kirchen überführt hatte, gerieten die Katakomben in Vergessenheit. – Es ist unstrittig, dass die Katakomben allein erhaltungsbedingt mehr über christliche Kunst erzählen als viele andere Stätten. Die neuere Forschung hat diese Friedhofsstätten auch ihrer romanhaften Geschichtsverklärung entzaubert. Grundsätzlich aber trugen die Katakomben nicht ursächlich zum Aufstieg des frühen Christentums bei.

Katakomben gab es nur an wenigen Stellen, so rund um Rom, bei Neapel, auf Sizilien oder auf Malta. Sarkophage sind demgegenüber an verschiedensten Orten zu finden, im Mittelalter selbst innerhalb der Kirchen. Noch bis zum dritten Jahrhundert hin ist es schwer, christliche und nichtchristliche Steinkisten sicher voneinander zu trennen. In der Malerei findet die christliche Kunst eher zu ihren Themen. Die Reliefs der Sarkophage zeichnen sich mehrheitlich erst in der Zeit des vierten Jahrhunderts als eindeutig christlich aus. In dieser Zeit werden sie auch zur Massenware.

Eine Reihe solcher Reliefbilder sind bereits angesprochen worden: Christus, durch das Chi-Rho-Zeichen symbolisiert, mit den Aposteln (Lämmer) und den Palmen als Zeichen des Martyriums (s. Kap. 3) oder auch die Übergabe des Gesetzes an Petrus (s. Kap. 9), um nur zwei Beispiele herauszugreifen. Beliebt war auch das Sujet des lehrenden Christus, wie auf dem Sarkophag des Iunius Bassus zu sehen (s. Kap. 5). Wir sehen Christus dabei erhöht sitzend, so auch auf einem Sarkophag mit nicht original zugehörigem Deckel in Perugia, der in der Kirche des hl. Bernardin als Altartisch dient. Wie so oft erscheint Christus bartlos – schließlich hat sich zu dieser Zeit noch kein festes Christusbild herauskristallisiert, denn das gibt es erst ab dem neunten Jahrhundert. Die Motive der Architektur mit Säulen und wechselnder Folge von Dreiecks- und Segmentgiebeln verraten die römische Herkunft. Auch das Schriftfeld auf dem Deckel zwischen den beiden Eroten ist römisch. Die Zeichnungen hingegen – links Noah mit der Taube, rechts der ausgespieene Jonas – erzählen herrliche alttestamentliche Geschichten. Die des Jonas war dabei sehr beliebt, da sie auf Christus vorverwies.

Sarkophagreliefs gehören zu den ausdrucksstarken, plakativen Verkündern christlicher Botschaft. Damit sich eine Bestattung nicht zu lange hinauszögerte, hatten die Werkstätten immer einen Vorrat halbfertiger Sarkophage verfügbar. Diese Arbeitsweise erleichtert Vergleiche. Der Sarkophag in Perugia dürfte aus demselben Haus wie der des Iunius Bassus stammen und damit auch in die Jahre um etwa 360 gehören.

11 Symbole der frühen Christen

Ein Symbol ist ein Zeichen, ein Hinweis, ein Kurzwort – in jedem Falle ein Sinnbild für einen ganz bestimmten Inhalt. Solche Zeichen können in der Astronomie für Sternbilder, in der Mathematik für Mengen oder – um es kurz zu machen – in der Religionswissenschaft für die Zugehörigkeit zu einer Gemeinschaft stehen. Ein Symbol kann – wie etwa bei einem Verkehrszeichen – bis zu einem gewissen Grad erkennbar sein: Man folgt einem Richtungspfeil, ohne lange darüber nachzudenken. Doch warum verknüpfte man anfangs den Fisch mit dem Bekenntnis zum Christentum? Es gibt nicht die geringste Ähnlichkeit und doch wusste ein Jeder, was gemeint war. Noch verwickelter wird der große Fragenkatalog zu den Symbolen des frühen Christentums, wenn man sich für einen Augenblick die Anweisung Gregors des Großen in Erinnerung ruft, die paganen Heiligtümer nicht zu zerstören (s. Kap. 8); auch sie waren schließlich Symbole, als Höhenheiligtümer etwa sehr machtvolle, sehr eindrückliche Zeichen des herrschenden Kultes! Es geht noch weiter: Wenn die Christen in ein solches heidnisches Heiligtum ihrerseits eine religiöse Architektur einfügten, setzten auch sie ein Zeichen, nahmen eine symbolhafte Handlung vor.

In der labyrinthisch weiten Welt der Symbole des frühen Christentums, die wir hier nur andeuten können, gab es immer wieder Übernahmen aus den heidnischen Kulten. Sie finden sich bei der Adaption heidnischer Motive wie etwa den Tierkreiszeichen; auch der Altar als *der* Ort göttlichen Wirkens hat heidnische Wurzeln. Eine Übernahme kann auch mit gleichzeitiger Verschiebung der Bedeutung erfolgen. In diesem Sinne lässt sich beispielsweise der Nimbus verstehen.

106 Der kreuzförmige Nimbus ist grundsätzlich mit Christus verbunden. Auf diesem ravennatischen Sarkophag erscheint Christus, das Böse mit den Füßen tretend, zwischen Petrus und Paulus.

Der Nimbus

Der Nimbus, auch bekannt als Gloriole oder Heiligenschein, bedeutet eigentlich eine Wolke, eine Nebelhülle. Gemeint ist damit eine hohe Auszeichnung gegenüber der Umgebung: das von einer Person ausstrahlende Licht. Licht ist grundsätzlich ein göttliches Zeichen. Wir sahen schon: Durch die Ostung der Kirchen liegt die lichtvolle Südseite rechts; es ist die Seite, an der die Geschichten des Neuen Bundes Platz finden. Gleißendes Licht deutet noch viel stärker auf das Wirken Gottes hin, sei es im Alten (Gen 1, 3–5) oder im Neuen Testament, wo man an die spektakuläre Bekehrung des Saulus (Apg 9, 3) oder das von der „Herrlichkeit Gottes erleuchtete" neue Jerusalem (Apk 21, 23) denken mag.

Wie so viele andere Zeichen auch, ist der Nimbus von Haus aus kein christliches Symbol. Man kennt die Vorbilder aus dem griechisch-römischen Kulturbereich – der Strahlenkranz, Symbol für den thronenden Herrscher, dann auch als Zeichen der Herrscherwürde allgemein und der Vergöttlichung.

Etwa um die Mitte des 4. Jahrhunderts übernimmt die christliche Kunst diese Zeichen. Der Nimbus kennzeichnet den erhöhten Christus als Lehrer, zunächst nur mit dem sog. kleinen Nimbus, also der Gloriole um das Haupt. Doch der Nimbus als Attribut setzt sich nur langsam durch. Auf ungezählten Darstellungen frühchristlicher Zeit sieht man gar keine Hervorhebung durch einen Glorienschein.

Im fünften Jahrhundert erscheint dann jene spezifische Form der Gloriole, die mit dem eingestellten Kreuz ausschließlich auf die göttlichen Personen weist. Das gilt auch für deren Darstellung als Lamm oder Taube – jedenfalls in der Regel. So finden wir Christus mit dem Kreuzesnimbus auf einem ravennatischen Sarkophag. Doch das apokalyptische Lamm im Presbyterium der ravennatischen Kirche San Vitale – Zeitstellung: sechstes Jahrhundert – hat nur einen einfachen Glorienschein.

Es bilden sich einige Sonderformen des Nimbus heraus. In der plastischen Darstellung bevorzugen die Künstler den als Muschel ausgeprägten Nimbus. Im frühen Mittelalter entwickelt sich eine weitere Form der Gloriole: Es ist der rechteckige Nimbus, der wohl ursprünglich als einer Schrifttafel vergleichbar aufgefasst wurde. Er kennzeichnet noch lebende Personen, so zum Beispiel den Papst Paschalis in dem Apsismosaik der römischen Kirche S. Prassede.

107 Das Lamm Gottes steht im Zentrum, hier im Deckenmosaik des Presbyteriums von S. Vitale in Ravenna (6. Jh.). Es trägt einen goldenen Nimbus.

108 Am Bischofsstuhl Maximinians in Ravenna (6. Jh.) findet sich Johannes der Täufer inmitten der vier Evangelisten. Sie alle stehen vor einer Muschel, die wie ein Nimbus wirkt.

Die Lichtsymbolik wird schließlich für den göttlichen Personenkreis auf den ganzen Körper übertragen. So entwickelt sich der große Nimbus: eine Lichtform, die die himmlische Sphäre verdeutlicht. Im Osten findet man sie als Kreis, im Westen als die im Mittelalter allbekannte Mandelform – die Mandorla. Viel später, gegen Ende des Mittelalters, erhält auch das Bild Mariens in Anlehnung an die Offenbarung (12, 1) eine Strahlenglorie. Ein Blick auf die berühmte Überlinger Madonna macht mit einem herrlichen Beispiel vertraut!

Frühe Christussymbolik

Wie der Nimbus zunächst einmal ein Hinweis auf Christus oder Gott ist, ist auch die bildliche Erzählung vom Guten Hirten ein sehr altes christologisches Symbol. Die Bilderwelt mit der Darstellung des Guten Hirten kann zum einen auf Darstellungen der antiken Plastik zurückgreifen, die in jedem Falle seit dem 7. Jh. v. Chr. das Motiv des Widderträgers kennt. Auf römischen Sarkophagen stellt der Widderträger den Frühling dar. Zum anderen regten zwei Stellen des Neuen Testaments zu unterschiedlichen Bildern an. Bei Lukas (15, 1–7) erzählt Jesus das Gleichnis vom Guten Hirten, der sich so über ein wiedergefundenes Schaf – „und wenn er es gefunden hat, nimmt er es voll Freude auf die Schultern" (V. 5) – freut, dass er seine Nachbarn einlädt, die Freude mit ihm zu teilen. Nach dem Gleichnis bei Johannes (10, 11–16) lässt Jesus als der Gute Hirte sein Leben für seine Schafe, während der bezahlte Knecht davonlaufe, wenn der Wolf (ein negatives Symbol) komme. Auf dieser Grundlage wird das Motiv des Guten Hirten theologisch überhöht. Denn Christus als Hirt bedeutet: der Erlöser ist der Hirt. Johannes lässt Jesus unmittelbar zuvor sagen (Joh 10, 9): *Ich bin die Tür; wer durch mich hineingeht, wird gerettet werden.* Und das Schaf ist nicht mehr eines von hundert Schafen (Lk 15, 4), sondern es symbolisiert die Menschheit, nach Johannes auch die noch nicht erlöste Menschheit.

109 Am linken Portal der Markusbasilika in Venedig – 1094 zur offiziellen Staatskirche erhoben – befindet sich ein Mosaik mit einem zentralen Christusbild, kenntlich durch Beischrift und Kreuzesnimbus.

Das Bild des Guten Hirten fand in der frühchristlichen Kunst rasche Verbreitung. Man hat in statuarischer Form und in der Malerei gern auf dieses Thema zurückgegriffen. Durch die Verbindung mit der Taufliturgie – der Gute Hirte wird aufgerufen, die neu Getauften in die Herde aufzunehmen – erscheinen die Bilder des Guten Hirten auch in Baptisterien, so etwa in der Hauskirche im syrischen Dura Europos. Den jungen, bartlosen Christus, der in der Lünette über dem Eingang des Mausoleums der Galla Placidia in Ravenna zu sehen ist, sollte man hingegen nicht – wie üblich – als den Guten Hirten deuten; hier finden wir vielmehr den siegreichen Christus, der das goldene Kreuz mit seiner Linken wie eine Standarte hält.

In vergleichbar früher Zeit stellt die christliche Kunst auch die Beter dar. Die Betenden werden als Oranten bezeichnet. Die Gebetshaltung: Die Hände werden nach oben gehoben und der Blick richtet sich zum Himmel. Das ist ein uralter, vorchristlicher Gebetsgestus. Doch man nimmt ihn auf als etwas Selbstverständliches, wie in der Apologie von Tertullian († um 240) bezeugt; dort heißt es über die *anima Christiana*:

> *Und wenn sie dies ausspricht, blickt sie nicht hin zum Kapitol, sondern zum Himmel. Sie kennt ja den Sitz des lebendigen Gottes; von ihm und von dorther ist sie herabgestiegen. (Tertullian, Apologie, 17, 6)*

110 Nicht in jedem Falle bedeutet die Zeichnung eines Hirten zwischen seinen Tieren eine christliche Symbolik; das Motiv – hier in einer Darstellung aus der Domus die Tappeti in Ravenna – findet sich auch in der heidnischen Antike.

Das Motiv ist also die christliche Umdeutung einer altbekannten Darstellung. Der übernommene Gebetsgestus hat unterschiedliche Interpretationen erfahren. Beischriften können auf eine individuelle Persönlichkeit hindeuten. Oranten können aber auch Personen der Fürbitte darstellen, ggf. sogar – wenn das Motiv des Guten Hirten ebenfalls auftaucht – die Seligen im Paradies meinen. Verhältnismäßig oft sind die Oranten Frauen.

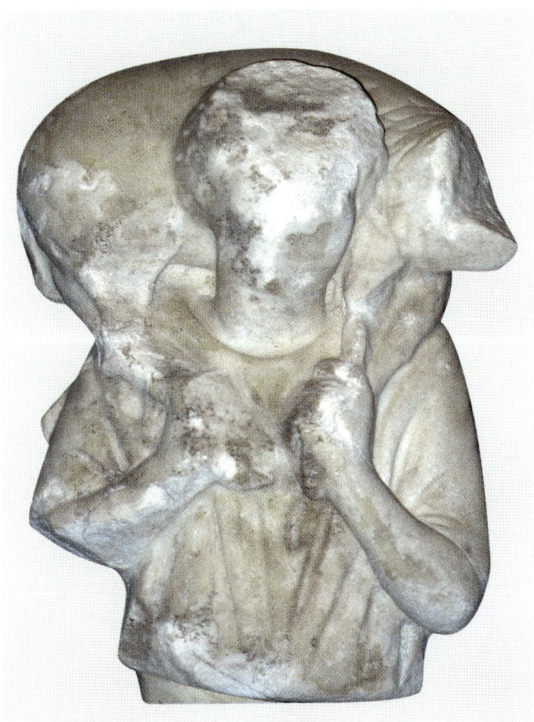

111 Ganz links: Wie das Motiv der Hirten gibt es auch das der Schafträger in der vorchristlichen Kunst (Trier, Landesmuseum). Ohne näheren Zusammenhang ist eine Zuweisung zu christlichem Denken nicht gerechtfertigt.

112 Links: Die Gebetshaltung mit erhobenen Händen übernahmen die Christen – wie vieles andere auch – aus der heidnischen Umgebung. Dieser Oranten-Sarkophag aus dem Ende des 4. Jahrhunderts befindet sich in Arles.

Evangelistensymbole

Den Evangelisten werden vier geflügelte Wesen (der *Tetramorph*) zugeordnet. Es sind der Engel bzw. der Mensch für Matthäus, der Stier für Lukas, der Löwe für Markus und der Adler für Johannes. Diese Attribute der Evangelisten gingen auch als Symbol für Christus in die Darstellungen ein, da Christus die Einheit der vier Evangelien bedeute. Der Welt der Bilder liegen zwei Texte zu Grunde, deren erster aus dem Alten Testament stammt. Der Prophet Ezechiel beschreibt seine Version der Erscheinung Gottes:

> *4 Ich sah: Ein Sturmwind kam von Norden, eine große Wolke mit flackerndem Feuer, umgeben von einem hellen Schein. Aus dem Feuer strahlte es wie glänzendes Gold. 5 Mitten darin erschien etwas wie vier Lebewesen. Und das war ihre Gestalt: Sie sahen aus wie Menschen. 6 Jedes der Lebewesen hatte vier Gesichter und vier Flügel. 7 Ihre Beine waren gerade und ihre Füße wie die Füße eines Stieres; sie glänzten wie glatte und blinkende Bronze. 8 Unter den Flügeln an ihren vier Seiten hatten sie Menschenhände. [Auch Gesichter und Flügel hatten die vier.] 9 Ihre Flügel berührten einander. Die Lebewesen änderten beim Gehen ihre Richtung nicht: Jedes ging in die Richtung, in die eines seiner Gesichter wies. 10 Und ihre Gesichter sahen so aus: Ein Menschengesicht (blickte bei allen vieren nach vorn), ein Löwengesicht bei allen vier nach rechts, ein Stiergesicht bei allen vier nach links und ein Adlergesicht bei allen vier (nach hinten).*
>
> *(Ez 1, 4–10)*

Diese Vision, die im zehnten Kapitel bei Ezechiel fortgeschrieben wird und auch bei Jesaja eine Entsprechung findet (6, 2), wird durch eine zweite Erscheinung ergänzt, die Johannes auf Patmos aufgeschrieben hat:

> *6 Und vor dem Thron war etwas wie ein gläsernes Meer, gleich Kristall. Und in der Mitte, rings um den Thron, waren vier Lebewesen voller Augen, vorn und hinten. 7 Das erste Lebewesen glich einem Löwen, das zweite einem Stier, das dritte sah aus wie ein Mensch, das vierte glich einem fliegenden Adler. 8 Und jedes der vier Lebewesen hatte sechs Flügel, außen und innen voller Augen.*
>
> *(Apk 4, 6–8)*

Schon früh – gegen 200 n. Chr. – verbanden die Kirchenväter die vier Wesen mit den Evangelisten. Sie finden sich beispielsweise in den Gewölbezwickeln des Baptisteriums des Domes von Neapel (5. Jh.). Denn gerade in der Taufliturgie der frühen Zeit spielte die heilsgeschichtliche Bedeutung der Evangelien eine große Rolle. So verband man mit dem Menschen die Mensch-

113 Der thronende Christus beim Jüngsten Gericht, umgeben von den vier Evangelisten: geflügelter Mensch (Matthäus), Adler (Johannes), Stier (Lukas) und Löwe (Markus). Romanisches Tympanon der Kathedrale von Arles (vgl. Abb. 50).

114 Der Jonas-Sarkophag von Arles (4. Jh.) greift ein beliebtes Motiv auf: Jonas, vom Ungeheuer verschlungen (links unten), wird nach drei Tagen wieder ausgespien (rechts unten). Diesen Ablauf verstand man als Vorverweis auf die Kreuzigung und Auferstehung Christi.

werdung Christi und mit dem Stier den Opfertod, der Löwe bedeutete die Auferstehung Christi und der Adler seine Himmelfahrt. Doch erst mit Gregor dem Großen, also gegen 600, ergab sich die eingangs benannte personelle Zuweisung, die sich zumindest in der Westkirche durchsetzte. Daraus entwickelte sich im frühen Mittelalter die in romanischer Zeit zur Vollendung gekommene Darstellung von Christus als dem Herrscher in der Mandorla. Diese *„Maiestas Domini"* zeigt Christus im Kranz, umgeben von den vier Evangelisten, so zum Beispiel auf dem Grabmal des Bischofs Agilbert in der Krypta von Jouarre (7. Jh.). Im Tympanon der Kathedrale von Arles (12. Jh.) etwa finden wir Christus in der Mandorla inmitten der Evangelisten als Herrscher über das Gericht.

Die rettende Gotteskraft …

Viele Symbole standen den Kunsthandwerkern frühchristlicher Zeit zur Verfügung, um den Menschen, die in aller Regel ja nur Bilder, aber keine Texte lesen konnten, von der frohen Botschaft des Evangeliums zu erzählen. Angler oder Fischer als Menschenfischer und somit als Verkünder des Evangeliums, Philosophen als Lehrer, Noah als Überlebender der Flut oder Jonas als ein der Welt Zurückgegebener sind Motive frühchristlichen Kunstschaffens, von denen aber nur einige wie etwa die Jonas-Geschichte, die als alttestamentlicher Hinweis auf den Tod Christi und sein Erscheinen drei Tage später galt, ins Mittelalter durchlaufen.

… Hirsch, Taube, Lamm, Pfau

Der Hirsch labt sich an der frischen Quelle. Den Darstellungen – etwa in Ravenna im Mausoleum der Galla Placidia – liegt der Vers Psalm 42,2 zugrunde:

Wie der Hirsch lechzt nach frischem Wasser,
so lechzt meine Seele, Gott, nach dir.

Der „Naturkundige" stellt den Hirsch sogar als Drachentöter dar:

Wenn der Drache vor dem Hirsch flieht in die Spalten der Erde, geht der Hirsch hin und füllt sich die Höhle seines Bauches mit Quellwasser, und er speit es aus in die Spalten der Erde, und so bringt er den Drachen heraus und schlägt ihn nieder und tötet ihn.

(Physiologus, Kap. 30)

Gerade so habe auch Gott den großen Widersacher, den Satan getötet. Der Hirsch wird damit zum Sinnbild des Menschen, dem durch die Taufe der Teufel ausgetrieben wird. Ein Taufstein in der evangelischen Stadtkirche in Freudenstadt im Schwarzwald, entstanden gegen 1100, bild-

115 „Wie der Hirsch lechzt nach frischem Wasser ..." – mit diesem Vers aus Psalm 42 wurde der Hirsch zu einem beliebten Motiv in der bildenden Kunst. Hier ein Ausschnitt mit herrlichen Zeichnungen der Elfenbein-Reliefs am Bischofsstuhl Maximinians in Ravenna (6. Jh.).

116 Das Kreuz mit den Buchstaben Alpha und Omega umgreift das ganze Christentum. Es steht auf dem Berg Zion; zwei der vier Paradiesflüsse sind eingetragen auf diesen frühchristlichen ravennatischen Sarkophag.

lich ausgestaltet jedoch in den plakativen Formen des frühen Mittelalters, erzählt diese Geschichte in seinem Relief. Man sieht auf diesem Taufstein auch Christus als Einhorn, dem Menschen unter ihm Schutz verleihend.

Seit jeher versteht man die Taube – im alten Israel ein Opfertier – als Symbol für die Liebe und für die Unschuld, wohl weil ihr zartes Gurren den Menschen berührt. Im Neuen Testament gelten die Tauben als arglos, als Tiere ohne Falschheit (Mt 10, 16). Als eines der ältesten Sinnbilder der frühchristlichen Kunst scheint die Darstellung der Taube am ehesten an das Vorbild des antiken Seelenvogels, bekannt vor allem aus der altägyptischen Bilderwelt, anzuknüpfen; als Seelenbild tauchen die Tauben noch auf ravennatischen Sarkophagen auf. Doch bereits im Schrifttum des Neuen Testaments entwickelt sich eine weitere Symbolik: Die Taube wird zur Künderin des göttlichen Willens und zum Zeichen des göttlichen, des heiligen Geistes. Das wird am besten in dem in allen vier Evangelien enthaltenen Bericht über die Taufe Christi im Jordan sichtbar. Jesus ließ sich von Johannes im Jordan taufen:

> *Und als er aus dem Wasser stieg, sah er,*
> *dass der Himmel sich öffnete und der Geist*
> *wie eine Taube auf ihn herabkam.*
>
> *(Mk 1,10)*

In diesem Augenblick ist die Taube auch ein Symbol des göttlichen Friedens. Sie trägt den Ölzweig im Schnabel in Erinnerung an die Geschichte von Noah, der nach der großen Flut eine Taube aussandte, die schließlich mit einem Olivenzweig im Schnabel zurückkam (Gen 8,11). Heute gilt ein solches Bild nahezu weltweit als Zeichen des Friedens.

Die frühchristliche Kunst bringt die Taube mit dem Wasser zusammen. Die Taube, die zur Schale oder zur Quelle kommt, wird wie der Hirsch zum Symbol für die Seele, die an der Quelle des Heils trinkt und so den ewigen Frieden finden kann. – Ein aus Vaugines (Vaucluse) stammender Altar, der sich jetzt in Avignon im Museum befindet (Abb. 3), zeigt in der Mitte der Vorderseite das Christusmonogramm. Von beiden Seiten her nähern sich jeweils sechs Tauben dem Chi-Rho-Zeichen, also Christus. Durch den christologischen Bezug steht außer Zweifel, dass mit den zwölf Tauben hier die zwölf Apostel gemeint sind. Wann genau dieser Fries in den Stein gegraben wurde, weiß man nicht; eine Datierung in das fünfte oder sechste Jahrhundert dürfte den Sachverhalt einigermaßen treffen.

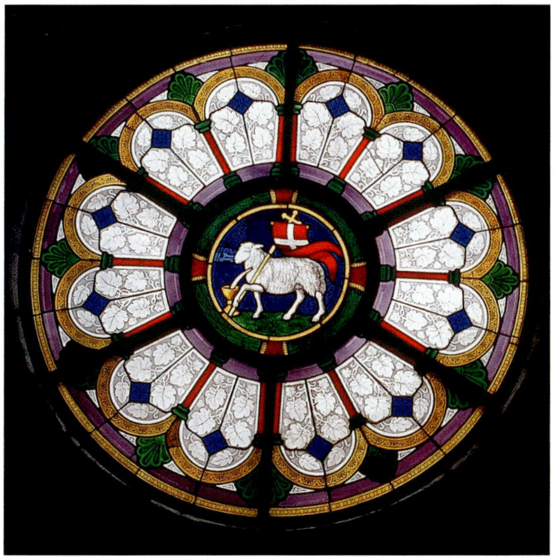

117 Oben: Das Heilig-Geist-Spital in Lübeck besitzt ein zwölfteiliges Rundfenster, dessen Zentrum das Lamm mit einem Kelch zum Auffangen des Blutes der Seitenwunde zeigt.

118 Oben rechts: Die Remigius-Kirche in Ingelheim entstand in romanischer Zeit auf den Resten eines frühkarolingischen Vorgängerbaus, der 750 geweiht wurde. Etwa Mitte des zwölften Jahrhunderts, zur Zeit Friedrich Barbarossas, wurde der Turm gebaut. Darin findet sich dieser romanische Türsturz mit dem Lamm im Dreipass zwischen zwei Kreuzen.

119 Rechts: Der Marienaltar der Lorettokapelle in Oberstdorf (Bayern) stammt aus der Barockzeit. Über Maria mit dem Kind und unter den himmlischen Sphären mit den Musikern hat die Taube des Heiligen Geistes ihre Flügel ausgebreitet.

120 Unten: Tauben galten als Symbol des Heiligen Geistes, als Bringer der Gaben des Heiligen Geistes. Bei der Taufe Jesu öffnete sich der Himmel und der Geist Gottes erschien wie eine Taube (Mt 3, 16). So verwundert es nicht, dass Tauben auch auf frühchristlichen Grabsteinen zu sehen sind.

121 Der Pfau galt weniger als Symbol des Hochmutes als vielmehr als Zeichen der Unsterblichkeit, der Ewigkeit, weil sein Fleisch angeblich nicht verwese. Hier ein Detail vom Bischofsstuhl Maximinians in Ravenna (6. Jh.).

Ein weithin bekanntes Symbol ist das Lamm. Johannes der Täufer sagt über Christus:

Seht, das Lamm Gottes,
das die Sünde der Welt hinwegnimmt.

(Joh 1, 29)

Man kann den Inhalt auch anders formulieren: Das Lamm hat die Schuld der Welt auf sich genommen, um sie fortzutragen. In diesem kurzen Vers klingt der Gedanke des Opferlamms an. Christus als das wahre Passahlamm sagt den Teilnehmern der Eucharistie, dass sie das wahre Ostermahl halten dürfen. Somit wurde das feierliche Brotbrechen, insbesondere die Kommunion in der Osternacht, mit dem Gesang des *Agnus Dei* verbunden: „Oh Lamm Gottes, das du hinwegnimmst die Sünden der Welt, erbarme dich unser“. Das war eine Neuerung unter dem heiligen Papst Sergius I. (687–701), der damit der Tradition seiner syrischen Heimat – Klerus und Volk stimmten gemeinsam beim Brotbrechen das *Agnus Dei* an – folgte.

Diese Bibelstelle legten viele Künstler zugrunde, um Darstellungen zu schaffen, in denen Johannes der Täufer mit einem Medaillon in der Hand zu sehen ist: die Scheibe mit dem Lamm. Zu diesem Vers gesellen sich etliche Stellen aus der Offenbarung, die in gleicher Weise Christus mit dem Lamm verbinden. Ein Beispiel:

Und ich sah: Das Lamm stand
auf dem Berg Zion.

(Apk 14, 1)

Der Berg Zion ist der Paradiesberg, von dem das „Wasser des Lebens, klar wie Kristall“ (Apk 22, 1) ausgeht: Es sind die vier Paradiesflüsse Pison, Gihon, Tigris und Euphrat. An anderer Stelle beschreibt der Seher der Offenbarung das tödlich verletzte Lamm – es ist also das Lamm als Opfertier –, das aber zugleich als Zeichen seiner Macht sieben Hörner trägt (Apk 5, 6).

Zu diesem Lamm gesellt sich, verbreiteter orientalischer Vorstellung folgend, der Widder als Symbol der Stärke. Dessen hat man sich an einem Ort in der Provence erinnert: In Les Baux wird die berühmte Christmette gefeiert, zu der die Hirten aus der ganzen Umgebung zusammenkommen. Bei dieser Weihnachtsfeier zieht ein mächtiger Widder ein Lamm in einem kleinen Wagen in die Felsenkirche St-Vincent.

Inzwischen überrascht es nicht mehr: Auch die Darstellung des Pfaus ist eine Übernahme aus der nichtchristlichen Kunst. Biblisch ist der Pfau nicht überliefert und die Kirchenväter erwähnen ihn kaum. Wenn aber doch, dann in ganz besonderen Eigenschaften: das Fleisch dieses Vogels würde nicht verfaulen (Augustinus, Gottesstaat 21, 4, 7).

Damit wird verständlich, dass der Pfau als Symbol der Unsterblichkeit, der Ewigkeit interpretiert wurde. Dieser Gedanke wird noch verstärkt, wenn sich dem Vogel ein anderes, ebenfalls bereits vorchristliches Ewigkeitssymbol zugesellt wird: der Pinienzapfen (s. Abb. 22). Man setzte den Pfau, nicht zuletzt auch wegen seiner Schönheit, mit dem Paradiesvogel gleich. So bedeutet der Pfau, wie etwa in der Calixtus-Katakombe in Rom, auch allgemein die Paradies-Symbolik. Das geht zusammen mit dem Rad des Pfaus, das als Abbild des gestirnten Himmels galt.

Man findet Bilder mit dem Vogel am Lebensbrunnen – gemeint sind die Seligen im Paradies. Nun gibt es auch bildliche Erzählungen vom Pfau in den Weinreben oder an einem Gefäß, aus dem ein Weinstock hervorwächst, so in der wunderbar klaren Elfenbeinschnitzerei auf dem Bischofsstuhl des Maximinianus in Ravenna (um 550). Wahrscheinlich ist hier ein Zusammenhang mit der Taufe und der Eucharistie gemeint gewesen. Denn die Eucharistie bedeutet ja, wie gesehen (s. Kap. 9), den Dank über dem gemeinsamen Mahl mit Brot und Wein. Der Weinstock ist Christus, und die Jünger sind die Reben (Joh 15, 5). Die Pfauen – Zeichen der Ewigkeit – kommen zu den Reben …

Der Fisch

Im Neuen Testament wird der Fisch zu einem Symbol für die Gläubigen. Bei der Berufung der ersten Jünger wählt Jesus Fischer aus, damit sie statt der Fische Menschen fangen sollten:

> *16 Als Jesus am See von Galiläa entlangging, sah er Simon und Andreas, den Bruder des Simon, die auf dem See ihr Netz auswarfen; sie waren nämlich Fischer. 17 Da sagte er zu ihnen: Kommt her, folgt mir nach! Ich werde euch zu Menschenfischern machen.*
> *(Mk 1, 16–17)*

122 Der Fisch war das Zeichen der urspünglichen Bekenntnisformel der Christen, hier zwischen einem Anker (Zeichen der Rettung) und dem Christus-Symbol ChiRho (Rom, Katakombe S. Sebastiano).

Im zweiten Jahrhundert war der Fisch den Christen ein vertrautes Symbol, wie man aus dem Vorkommen auf Grabsteinen erschließen kann. Der Theologe Clemens von Alexandria († um 212) stellte in seiner Schrift „Der Erzieher" (3, 59, 2) Überlegungen an, welcher Schmuck für die Christen gut sei. Luxus lehnte er ab; ein Siegelring jedoch müsse sein, um das Eigentum zu kennzeichnen. Als Bilder der Ringsteine ließ er eine Taube oder einen Fisch oder ein Schiff oder auch einen Fischer gelten, bei dem man an einen Apostel und die aus dem Taufwasser emporgezogenen Kinder denken könnte.

Der Fisch bedeutete für die frühen Christen ein Zeichen der Zugehörigkeit zur Gemeinschaft. Keineswegs handelte es sich um ein geheimes Erkennungszeichen, wie auch die Katakomben durchaus keine geheimen Plätze waren. Der Fisch war Symbol und Bekenntnis zugleich. Der Begriff *Ichthys* (griechisch: Fisch) hatte sich aus den Anfangsbuchstaben der Formel *Iesous Christos Theou Hyios Soter* ergeben, was in der Übersetzung bedeutet: Jesus Christus, Gottes Sohn, Heiland. So beschreibt es beispielsweise Augustinus (Gottesstaat 18, 23).

123 Aus dem griechischen Namen Jesu – ΙΗΣΟΥΣ – griff man sich die ersten beiden und den letzten Buchstaben heraus, unterlegte sie lateinisch (*Jesus Hominum Salvator* – Jesus der Retter der Menschen) und prägte so das weit verbreitete IHS-Zeichen, hier auf einem Wohnhaus in Pérouges.

124 Oben links: Das lateinische Kreuz ist auf diesem Sarkophag aus Ravenna zu erkennen. Hier gesellen sich zu dem Kreuz zwei Lämmer – Christus in der Mitte zwischen Petrus und Paulus.

125 Oben rechts: Das griechische Kreuz hat vier gleich lange Arme, wie ein sehr schönes Beispiel auf einem frühchristlichen Sarkophag im Gebiet der Ausgrabungen unter der Kirche S. Cecilia in Rom zeigt.

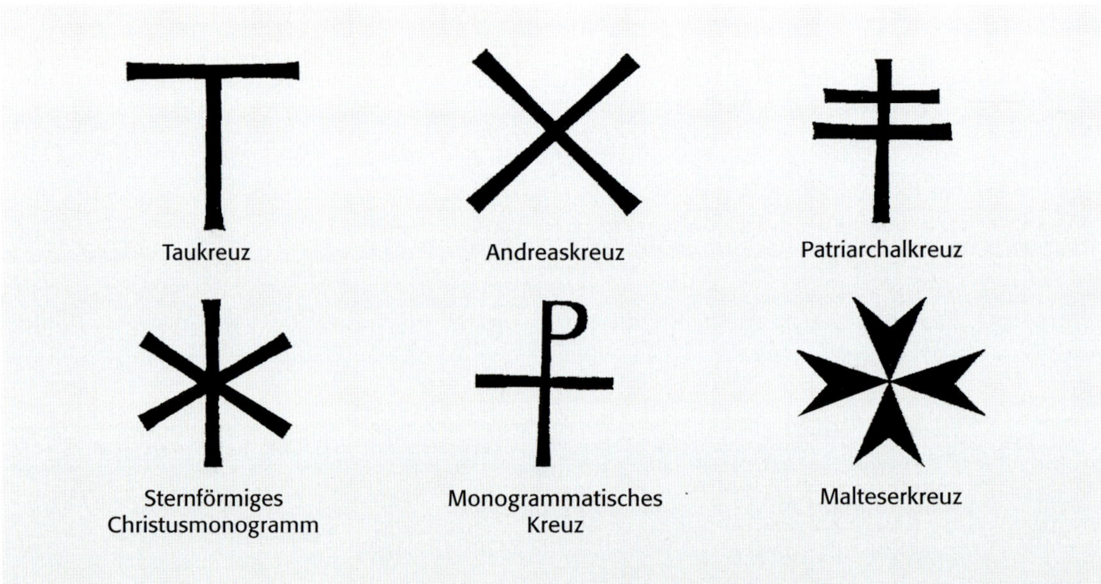

126 Rechts: Eine Zusammenstellung bekannter Kreuzesformen (Auswahl).

127 Rechts: Das Christus-Monogramm verbindet die beiden ersten Buchstaben von Christus, nämlich das Chi und das Rho. Oft – wie bei diesem frühchristlichen Grabstein des jungen Mädchens Concordia (Köln, Römisch-Germanisches Museum) – hat man noch die Buchstaben Alpha und Omega für Anfang und Ende beigefügt.

128 Ganz rechts: Das Petrus-Kreuz sieht aus wie ein umgedrehtes lateinisches Kreuz. Weil Petrus der Legende zufolge über Kopf gekreuzigt wurde, entstand diese Kreuzesform. Man findet sie in zahlreichen Beispielen, so hier in der Lünette des Petrus-Portals des Kölner Domes (14. Jh.).

Texte, bei denen die Anfangsbuchstaben von oben nach unten gelesen eine sinnvolle Folge ergeben – so genannte Akrosticha –, sind gar nicht so selten. Das bekannteste Beispiel des Altes Testamentes findet sich im Psalm 119: jeweils acht Verse einer Strophe beginnen mit stets denselben Buchstaben, die aufsteigend das ganze hebräische Alphabet durchwandern. Augustinus selber lässt am Anfang des gerade zitierten Kapitels die erythreische Sibylle ein solches lateinisches Akrostichon zu der gesamten Formel *Iesous Christos* … sagen. – Ein kleiner Ausblick: Im Mittelalter hat man aus dem griechischen Jesus-Namen gar drei Buchstaben herausgegriffen und sie lateinisch unterlegt. IH[ΣOY]Σ wurde mit dem ersten, dem zweiten und dem letzten Buchstaben interpretiert als *Jesus Hominum Salvator* – Jesus der Retter der Menschen. Dieses IHS-Zeichen machte sich auch der Orden der Jesuiten zu Eigen.

In dem Begriff des Fisches steckten drei Bedeutungsvarianten. Zum einen konnte der Fisch unmittelbar Christus bezeichnen, war also – wie das Lamm oder die Taube – ein Christussymbol. Zum anderen war der Fisch eine Speise, damit ein versteckter Hinweis auf die Eucharistie. Drittens schließlich gibt der Fisch einen Hinweis auf das Wasser und damit auf die Taufe. – Tertullian (Über die Taufe 1, 3) schließlich erweiterte das Bild vom Fischfang ein wenig: Wir Menschen seien die „Fischlein“ (*pisciculi*) in dem Wasser, in dem Jesus Christus der Fisch (*Ichthys*) sei.

Das Kreuz

Erst im vierten Jahrhundert setzt sich die Darstellung weiterer Symbole durch, die die christliche Bilderwelt zumindest für geraume Zeit beeinflussten. Zwei Beispiele seien hier herausgegriffen. Um das unmittelbare Wirken Gottes zu zeigen, stellte man die eingreifende Hand Gottes wie eine menschliche Hand vor. Es genügte, nur die Hand mit ausgestrecktem Finger zu zeigen, der auf das Zentrum des Geschehens deutete. Mit dieser Geste beschrieb man den aktiven, den wirkungsmächtigen und unmittelbar erfahrbaren Gott.

Etwas anders verhält es sich beim Kreuz, einem eigentlich einfachen und doch sehr oft missverstandenen Symbol des Christentums. In gewisser Hinsicht verdrängt das Kreuz das Symbol des Fisches als christliches Zeichen der Erlösung. Auch wenn das Kreuz eine längst bekannte Sache war, gewann es seine symbolhafte Bedeutung für das Christentum nicht vor dem dritten Jahrhundert; im eigentlichen Sinne gar erst mit Kaiser Konstantin. Das berühmte Kreuz, das man im Stuck einer Zimmerwand in Herculaneum gefunden hat, kann alles Mögliche gewesen sein, nur kein christliches Zeichen – die gesamte Überlieferung spricht dagegen.

Konstantin setzte sich, wie wir wissen, im Jahre 312 in der Schlacht an der Milvischen Brücke in Rom gegen seinen Gegenkaiser Maxentius durch. In der Nacht zuvor habe Konstantin jene Vision gehabt, von der Eusebius, der Bischof von Caesarea († um 340), berichtete. Christus sei dem Kaiser im Traum erschienen und hätte ihn angewiesen, ein Kreuzeszeichen anzufertigen. Konstantin gehorchte am nächsten Morgen dieser Aufforderung und ließ Goldschmiede kommen, denen er das Zeichen des Traumgesichtes

129 Spätestens seit Kaiser Konstantin (4. Jh.) war das Kreuz ein christliches Zeichen. Eine wunderschöne Darstellung des Kreuzes zeigt eines der Fenster des frühchristlichen Baptisteriums von Albenga (Ligurien) aus dem 5. Jahrhundert.

130 Kreuze, die in der Südwand des Katharinenklosters auf dem Sinai eingelassen sind (6. Jh.).

beschrieb, damit sie ein solches Kreuz herstellten. Eusebius berichtet:

> *Das Zeichen war auf folgende Weise gefertigt: Ein langer, goldüberzogener Lanzenschaft trug eine Querstange und hatte damit die Gestalt des Kreuzes. Am oberen Rande des Lanzenschaftes war ein Kranz befestigt, der aus Edelstein und Gold hergestellt war und in dem das Zeichen für den Namen des Erlösers angebracht war: Zwei Buchstaben, die als Anfangsbuchstaben den Namen Christi bezeichneten, indem das Rho in der Mitte durch das Chi gekreuzt wurde. Diese Buchstaben pflegte der Kaiser in der Folgezeit auch auf seinem Helm zu tragen.*
>
> *(Eusebius, Leben Konstantins 1, 31)*

Die historische Bedeutung des konstantinischen Sieges lässt sich nicht hoch genug einschätzen. Bald folgten das Toleranzedikt und im Jahre 335 die Einführung des Festes zur Kreuzerhöhung. An diese Feier knüpfte sich wahrscheinlich das ganze Paket der Legenden um die Kreuzesauffindung durch Helena, die Mutter des Kaisers.

Die Formen der Kreuze variierten auf immer wieder neue Weise. Während die Christen in Ägypten die uralte Form des Henkelkreuzes – es ist das Anch-Zeichen als Lebenssymbol – als christliches Kreuz übernahmen, gestaltete man anderen Orts Kreuze mit oder ohne Christus-Monogramm, mit gleich langen oder unterschiedlichen Armen, ortsfeste oder tragbare Kreuze. Im koptischen Ägypten finden sich Kreuze mit vier gleich langen Armen (das ist die Form des sog. griechischen Kreuzes), deren jeder am Ende dreifach gezackt ist. So ergeben sich zwölf Zacken – Symbol für die zwölf Apostel – an vier Armen, die die vier Evangelisten bedeuten.

Es wäre schön, aber in diesem Zusammenhang etwas weitschweifig, die Entwicklung des Kreuzes über die Jahrhunderte zu verfolgen. Weit mehr als zwanzig Spielarten lassen sich dabei entdecken. Doch an dieser Stelle mag es sinnvoll sein, noch einen Blick auf Symbole negativen Inhalts zu werfen.

Von der Schlange zum Hahn

Von einem negativ verstandenen Symbol war bereits kurz die Rede: Es ist der Wolf, dem man keinerlei gute Eigenschaft zuschrieb. Immerhin: In Jumièges in der Normandie gab es – so die Legende – zwei Klöster, zwischen denen ein Esel Botschaften hin und her trug. Als eines Tages ein Wolf den Esel fraß, musste dieser an dessen Statt einspringen. Letztlich ist das ja auch eine gute Tat.

Ähnlich die Sachlage bei der Schlange. Kurz vor dem Ende der großen jüdischen Wanderung, fast schon mit Blick auf das Gelobte Land, empörten sich die Israeliten gegen ihre Führung. Dazu lautet der Text im vierten der Bücher Mose:

4 Unterwegs aber verlor das Volk den Mut, 5 es lehnte sich gegen Gott und gegen Mose auf und sagte: Warum habt ihr uns aus Ägypten heraufgeführt? Etwa damit wir in der Wüste sterben? Es gibt weder Brot noch Wasser. Dieser elenden Nahrung sind wir überdrüssig. 6 Da schickte der Herr Giftschlangen unter das Volk. Sie bissen die Menschen, und viele Israeliten starben. 7 Die Leute kamen zu Mose und sagten: Wir haben gesündigt, denn wir haben uns gegen den Herrn und gegen dich aufgelehnt. Bete zum Herrn, dass er uns von den Schlangen befreit. Da betete Mose für das Volk. 8 Der Herr antwortete Mose: Mach dir eine Schlange und häng sie an einer Fahnenstange auf! Jeder, der gebissen wird, wird am Leben bleiben, wenn er sie ansieht. 9 Mose machte also eine Schlange aus Kupfer und hängte sie an einer Fahnenstange auf. Wenn nun jemand von einer Schlange gebissen wurde und zu der Kupferschlange aufblickte, blieb er am Leben.

(Num 21, 4–9)

Die Schlange erscheint hier in doppelter Funktion: Sie vernichtet und sie erhält Leben. Das ist eine Überlegung, die in der Antike häufiger vorkommt; man denke nur an die Helden, die von dem Rost jener Lanze geheilt wurden, die die Wunde verursacht hatte. – Die Geschichte der ehernen Schlange wird von der Überlieferung gern auf dem Berg Nebo in Jordanien angesiedelt, also auf der Ostseite des Jordan. Von hier aus sieht man bei klarem Wetter die Höhlen von Qumran. Hier – so weiter die Tradition – habe Moses vor seinem Tod einen Blick auf das Gelobte Land geworfen. Betreten durfte er es nicht; Gott hatte ihm verboten, „über den Jordan" zu gehen (Dtn 34, 4).

Das Neue Testament nimmt Bezug auf die helfenden, heilenden Eigenschaften der Schlange, ungeachtet des vorherigen mörderischen Treibens. Das geht unmittelbar aus der johanneischen Beschreibung der Bedeutung des Lebens Christi auf Erden hervor:

14 Und wie Mose die Schlange in der Wüste erhöht hat, so muss der Menschensohn erhöht werden, 15 damit jeder, der (an ihn) glaubt, in ihm das ewige Leben hat.

(Joh 3, 14–15)

Bisweilen ist es schwer, die Herkunft eines Symbols aufzuspüren. So bei der Muschel. Man findet sie an vielen Stellen, so auch – sehr prominent – als Pilgerabzeichen für die Wallfahrer nach Santiago. Antike Autoren – voran Aristoteles und in seiner Nachfolge Plinius – waren der Meinung, bei der Muschel gäbe es kein weibli-

131 Bei Bestattungen der Alamannen erhielten Goldblattkreuze verschiedener Formen als Grabbeigaben eine hohe Bedeutung. Hier ein Fund aus einem Männergrab in Giengen an der Brenz.

ches und männliches Geschlecht. Wie vermehren sich aber solche Wesen? Der *„Physiologus“*, eine Naturkunde aus der Zeit um 200 n. Chr., gibt Antwort:

> *Nun höre aber auch, wie die Perle entsteht.*
> *Ist eine Muschel im Meere, genannt Auster.*
> *Die aber steigt in der frühen Morgenstund zu Sonnenaufgang aus dem Meere empor, und da öffnet die Muschel ihren Mund und trinkt den Himmelstau, und sie schließt den Strahl von Sonne, Mond und Sternen in ihre Schalen ein, und wird durch die Lichter aus der Höhe schwanger, und sie gebiert die Perle.*
> *(Physiologus, Kap. 44)*

Die Empfängnis der Muschel setzte die Tradition im Zuge der allmählich wachsenden Marienverehrung mit der Empfängnis Mariens gleich. Ganz deutlich äußert sich dieser Gedanke etwa am Westportal des Pisaner Domes; dort findet sich Maria mit der Perle, verbunden mit dem Motto, dass Maria durch den himmlischen Tau fruchtbar werde.

In anderen Fällen ist es schwer zu entscheiden, ob beispielsweise der Hahn ein Symbol oder ein Attribut ist. Die Attribute kennzeichnen Personen auf den ersten Blick, so die Himmelsschlüssel die Person Petri oder die abgezogene Haut den geschundenen Bartholomäus. Fraglos hat auch ein Attribut eine Bedeutung. Der Hahn erinnert an die Verleumdung Petri (Mk 14, 30).

Unerwartet vielschichtig geriet die Interpretation eines weiteren Tiersymbols, eines an sich vertrauten Hausgenossen.

132 Der Palmesel wurde in mittelalterlichen Palmsonntags-Prozessionen mitgeführt als Erinnerung an den Einzug Christi in Jerusalem „auf einer Eselin“ (Mt 21,5). Hier ein Palmesel aus Bad Hindelag (um 1470).

Esel und Krippe

Der Esel wurde in der Welt der frühen Kirche sehr ambivalent gedeutet. Allzu viele gute Eigenschaften mochte man dem Langohr nicht beigeben. Der *„Physiologus“* setzt den Esel mit dem Teufel gleich und charakterisiert ihn als die personifizierte Eifersucht, weil er seinen eigenen männlichen Nachwuchs kastriere. Dummheit und Trägheit kennzeichnen seine Laster. Andererseits rechnen Beharrlichkeit, Geduld, Demut und Gehorsam zu den tugendhaften Eigenschaften eines Esels.

So findet sich, dass der Esel als vornehmes Reittier besungen wird (so im Debora-Lied Ri 5, 10) oder gar zu seinem Herrn spricht (der Esel des Bileam; Num 22, 28–30). Beim Einzug in Jerusalem reitet Jesus „auf einer Eselin und auf einem Fohlen“ (Mt 21, 5). Aus dieser Überlieferung heraus entwickelt sich in Süddeutschland und in Österreich im späten Mittelalter die plastische Darstellung von Christus auf dem Esel, der als „Palmesel“ in den Prozessionen am Palmsonntag mitgeführt wurde. Die Bibel erwähnt aber weder bei der Flucht nach Ägypten (Mt 2, 13–14) einen Esel noch bei der Geschichte der Geburt Christi (Mt 1, 25 und Lk 2, 1–20). In beiden Fällen hat die Volksfrömmigkeit die kanonischen Schriften gewissermaßen erweitert. Das zeigt sich etwa bei der frühesten Erwähnung von Ochs und Esel an der Krippe gleich eingangs des apokryphen Pseudo-Matthäusevangeliums.

Zu den frühesten Darstellungen der Geburt Christi gehört ein Relief aus dem späten 4. Jahrhundert. Es findet sich auf einem Sarkophag (Abb. 39) in Arles (Provence). Maria und Josef schließen die Krippe mit dem Wickelkind ein, während Ochse und Esel fröhlich von der Seite herüberschauen. Von der Krippe und dem Kind in Windeln spricht das Neue Testament (Lk 2, 12 und 16), nicht aber von den Tieren. Die hat man

133 Der Esel, zugleich geliebt – Bileams Eselin verkündet ihrem Herrn den Willen Gottes – und karikiert: Wie soll ein Esel die Leier schlagen können? (Romanisches Kapitell in Brioude in der Auvergne.)

– vielleicht im Zusammenhang mit dem allmählichen Aufkommen des Weihnachtsfestes – zur Ausschmückung beigefügt. In der Tat gibt es einen Rückbezug auf das Alte Testament. Dort heißt es:

> *Der Ochse kennt seinen Besitzer und der Esel die Krippe seines Herrn.*
>
> *(Jes 1, 3)*

Eigentlich soll dieser Vers bei Jesaja nur verdeutlichen, dass sich sein Volk – „Israel aber hat keine Erkenntnis" – dümmer verhalte als diese Tiere. Das frühe Christentum nun gab der Darstellung beider Tiere besonderen Symbolgehalt. So wurde der Esel mit dem Götzendienst verbunden, während der Ochse das wahre Gesetz kenne. Später wurde bei Isidor von Sevilla († 636) der Esel zum Symbol der Heiden, während der Ochse die Juden meinte. Somit könnten wir uns also beim Arleser Sarkophag vorstellen, dass die ganze Welt – auch das Judentum und das Heidentum – bei der Geburt des Herren zugegen ist.

Richtiggehend karikiert wird der Esel im hohen Mittelalter, wenn man ihn als ein die Messe lesendes Wesen darstellt oder auch – wie etwa in Brioude – als Musiker mit der Harfe. Das Spiel des Esels muss misslingen. Schon in der Spätantike baute sich, ausgehend von einer Fabel des Phaedrus, eine Tradition auf, die den musizierenden Esel als Sinnbild für den unverständigen und sündigen Menschen auffasste. – In frühchristlicher Zeit diente der Esel in anderem Zusammenhang als Mittel zum Spott. Die Juden wie auch die Christen als Verwandte der jüdischen Religion seien Eselsanbeter. Tertullian (um 160–220) retourniert diese Vorwürfe an die Urheber, die viel Schlimmeres täten als die Christen, die ja „nur Eselsanbeter" seien (Apologie 15, 5).

Eine Überlegung, die beim Betrachten der Symbole immer wieder durchschien, betrifft die Adaption heidnischer Motive im christlichen Kultus. Dazu abschließend zwei Beispiele.

Das Labyrinth …

Ein Labyrinth in einer christlichen Kirche mag durchaus als ein heidnisches Symbol betrachtet werden. Der griechische Mythos erzählte eine etwas verwickelte Geschichte, die zunächst einmal begreiflich machen sollte, wieso eigentlich ein Labyrinth gebaut werden sollte. Dieser Teil muss hier nicht interessieren, wohl aber die Frage, wer der sagenhafte Schöpfer des berühmten Labyrinths auf Kreta war. Es war der aus Athen entflohene Daedalus, der mit seinem Sohn Ikarus einen Unterschlupf suchte. Geflohen war er, weil er einen jungen Mitarbeiter, der noch besser zu werden versprach als er selber, getötet hatte. – In seiner Eigenschaft als Erfinder und Architekt erhielt er den Auftrag, für den kretischen Minotaurus ein Labyrinth zu bauen.

134 Ein Labyrinth erinnert an Daedalus, den sagenhaften Schöpfer des kretischen Irrgartens, und damit zugleich auch an den Architekten als solchen; es bedeutet aber zugleich auch, dass alle Wege immer zum Zentrum, also zu Gott, führen. Hier das oktogonale Zentrum der gotischen Kathedrale von Amiens mit der Gründungsinschrift.

Darauf beriefen sich die Architekten des christlichen Mittelalters; der Schöpfer des Labyrinthes wurde ihr beruflicher Stammvater.

Dies ist aber nur eine Deutung des Labyrinths in christlichen Kirchen. Eine nähere Betrachtung erweist eine ganz andere Interpretation solcher „Irrgärten“ bereits im vierten Jahrhundert. Ein Labyrinth in der Reparatus-Basilika in Orléansville in Algerien umschließt ein Buchstabenrätsel, dessen Auflösung auf die „Heilige Kirche“, die *sancta ecclesia*, hinweist. Im Zentrum also liegt das Heil, und wer den verschlungenen Wegen folgt – auch wenn sie zwischendurch anscheinend wieder wegführen vom Zentrum – gelangt zum Heil.

Seit der karolingischen Zeit wurde es üblich, Labyrinthe in größerem Ausmaß und mit genau elf Umgängen in die Kirchen zu integrieren. So finden wir sie heute noch in den großen gotischen Kathedralen, etwa in Chartres in Kreisform oder in Reims und Amiens als symbolträchtiges Oktogon mit der Achtzahl als der Zahl der Seligkeit. Sie nehmen nahezu die ganze Breite des Mittelschiffs ein und finden dennoch selten Beachtung.

Die Labyrinthe in christlichen Kirchen dienten dazu, den Weg zum Heil anschaulich zu machen. Ungeachtet aller Umwege oder Wirrungen führt der Weg immer ins Zentrum. Aber für die spätantiken oder mittelalterlichen Pilger war es ein langer Weg zum Heil: in Chartres etwa 250 Meter, in Amiens 234 Meter (um bei diesen Beispielen zu bleiben). Man rutschte ihn, bestimmte Gebete sprechend, auf Knien. Treffend sprach man von „der Reise nach Jerusalem“. Warum genau elf Umgänge? Diese Zahl verweist auf die Überschreitung der zehn Gebote – eine Deutung, die noch in Schillers „Piccolomini“ (II, 1) einen Nachhall findet. Der Mensch soll sich seines sündigen Lebenswandels bewusst werden, bevor er zum Zentrum, zum Heilsgeschehen kommt.

Eine besondere Kirchenordnung von Auxerre aus dem 14. Jahrhundert belegt, dass Kleriker in der Osternacht das Labyrinth durchtanzten und sich dabei einen Ball – symbolisch also die Ostersonne – zuwarfen.

… und das Osterei

Mit Ostern verbindet man noch heute gern Symbole, die mit dem Christentum zunächst einmal gar nichts zu tun haben. Die Einrichtung und Stellung des Osterfestes interessierte bereits bei den Fragen der liturgischen Gestaltung gottesdienstlicher Feiern (s. Kap. 9). Das Ei selber ist nun ein uraltes Lebenssymbol. Ein kleiner Blick in die Geschichte des Nillandes zeigt, dass in der Stadt Hermopulis Magna im mittelägyptischen Hasengau (dem ist tatsächlich so!) der Schöpfungsmythos vom Urei des Großen Schnatterers beheimatet war. Das war nur eine von mehreren Überlieferungen, die das Entstehen der Welt zu deuten suchten. Der Gott Thot – im antiken Ägypten als Pavian dargestellt – soll hier auf dem

Urhügel als Ibis, als jener Vogel also, der dem Gott heilig war, das Urei gelegt haben, aus dem der erste Gott hervorkroch. An diesem Ort trafen nun erstmals Ei und Hase zusammen! Nun gibt es in Hermopulis (heute: Eshmunein) eine lang anhaltende Siedlungstradition, die über die römische Zeit hinaus bis in das fünfte Jahrhundert reicht: In dieser Zeit entstand eine stattliche dreischiffige Basilika, der Maria geweiht. Der Einfluss heidnischer Vorstellungen auf das frühe Christentum scheint hier mit Händen greifbar. Erstaunlich genug, dass dieser Zusammenhang kaum bekannt ist.

In gleicher Weise als Lebenssymbol und zugleich als Opfergabe legte man im griechisch-römischen Kulturbereich Eier in die Gräber: Das Ei sollte dem Toten die Lebenskraft sichern. Ein berühmtes Grab in Paestum in Süditalien zeigt das Lebensumfeld des Verstorbenen mit herrlichen Gelageszenen, Musik – und einem Ei in der Hand. Die Malerei gehört in das fünfte Jahrhundert v. Chr. – Als Bauopfer ersetzte die Eierspende in der Antike und auch im Mittelalter die früheren Tier- und Menschenopfer.

Offensichtlich begriff man in verschiedenen Gesellschaften das Ei als Fruchtbarkeitssymbol, dem man besonders im Frühjahr eine konzentrierte Kraft zuschrieb. Die frühe Kirche passte sich diesem uralten Glauben an die Wunderkraft der Frühlingseier an und weihte sie. Diesen sog. Antlasseiern schrieb man magische Kraft zu. In der Karwoche gelegt und am Ostersonntag geweiht, sollten diese Eier – bemalt mit einem Kreuz und zwischen die Fenster gelegt – den Einschlag des Blitzes verhindern. Aberglauben pur, aus heidnischen Quellen schöpfend! Denn letztlich stand immer der Gedanke des neuen Lebens, der sich im Frühjahr erneuernden Natur, hinter der Schaffung – oder besser: Fortsetzung – solcher Traditionen, die mit christlichem Gedankengut ebenso wenig zu tun haben wie der Osterhase. Dessen Auftreten gehört jedoch erst der Neuzeit an – mit einer solchen Gründlichkeit, dass das Osterfest unserer Tage vielerorts nur noch aus Hase und Ei zu bestehen scheint.

Bereits die frühchristliche Gemeinde kannte das vorösterliche Fasten, das erst mit der sonntäglichen Eucharistiefeier endete; diese Feier brach das Fasten. Die Zeiten weitgehender Zurückhaltung beim Essen – auch Eier waren verboten – sollten natürlich eingehalten werden. Die verschiedentlich sichtbare Tendenz, bestimmte Ge- oder Verbote nochmals abzusichern, zeigte sich auch bezüglich der Frühlingseier. Zur Überwachung der Fastenzeit vor Ostern führte die Kirche im zwölften Jahrhundert den Eiersegen – die *benedictio ovorum* – ein. Damit durften Eier nur noch an den heiligen Tagen dieser Zeit verspeist werden: am Gründonnerstag, Karfreitag und am Ostersonntag.

Es ließe sich noch vieles mehr erzählen von Fruchtbarkeitsriten – Eier werden beim Pflügen vergraben – oder auch von Eiern als Totenopfer in mittelalterlichen Gräbern. Doch auch so zeigt sich deutlich, dass in dem gesamten großen Bereich christlicher Zeichensprache zwei Tendenzen einander ergänzen. Zum einen verselbständigen sich bestimmte Bräuche, und sei es bis hin zu reinem Aberglauben; dementsprechend werden auch die Reaktionen der Kirche immer komplexer. Zum anderen verstärkt sich bei der Beschäftigung mit christlichen Symbolen der Ein-

135 Das Ei ist nicht eigentlich ein christlich-österliches Symbol, sondern ein viel älteres Zeichen des Lebens. Griechische Grabmalerei in Paestum („Grab des Tauchers") aus der Zeit um 480 v. Chr. zeigt den linken der Symposiasten mit der Harfe in der einen und einem Ei in der anderen Hand.

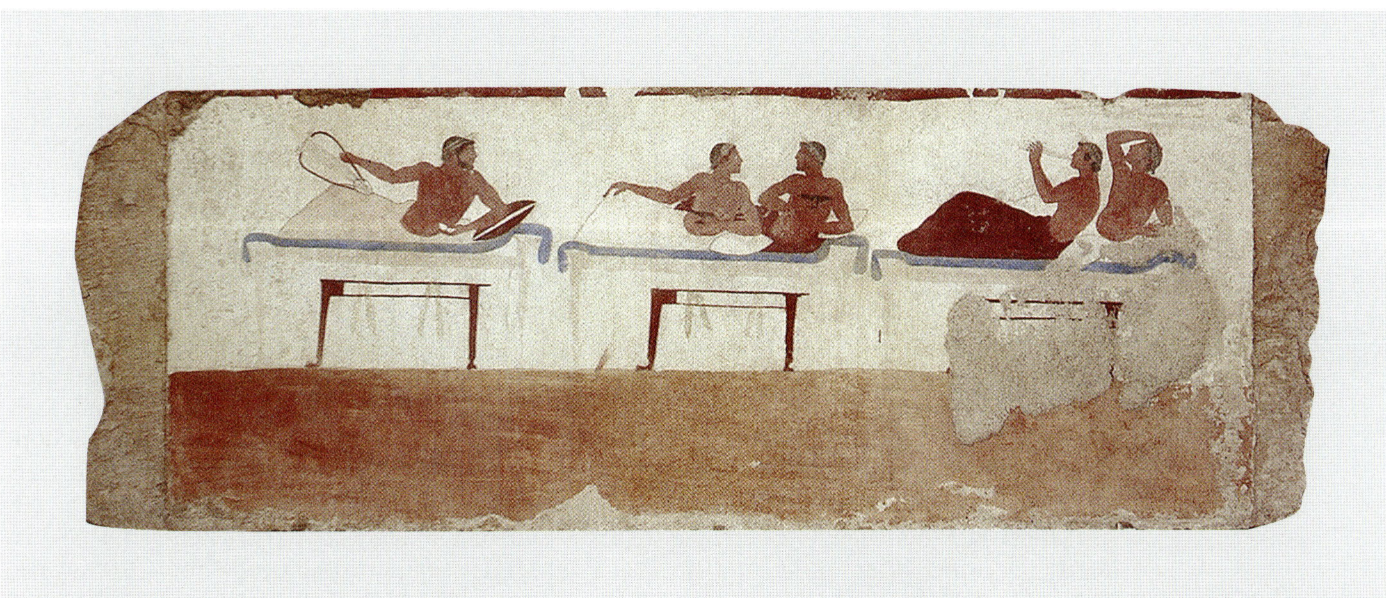

136 Mit dem ursprünglichen Sinn des Osterfestes haben manche fröhlichen Darstellungen unserer Zeit nun nichts mehr zu tun.

druck, die Kirche hätte bereits in früher Zeit manchen nicht-christlichen Symbolen wie etwa dem Osterei Raum gegeben, um auf diese Weise den eigenen Mitgliedern (oder denen, die es werden wollten) nicht noch mehr Trennung von der paganen Umgebung abzuverlangen. Eine gewisse Strenge auf der einen Seite – ein gezieltes Nachgeben in anderen Bereichen: Es gab viel Bewegung in der Welt christlicher Symbole. Vor diesem Hintergrund wird auch die immer weiter um sich greifende Verehrung Mariens, die aus dem Neuen Testament in dieser Form gar nicht abzuleiten ist, verständlich (s. Kap. 6).

Frühes Christentum auf heidnischen Kultstätten 12

Benedikt von Nursia errichtete sein letztes und bekanntestes Kloster in dem Bereich eines heidnischen Apollo-Tempels (s. Kap. 7). War das Zufall? Mit Sicherheit nicht, denn auf diese Weise konnte der große Christ am besten zeigen, welcher Gott der größere ist. Und wenn sich spätere Generationen vorstellten, wie die Statue des heidnischen Gottes vom Sockel gerissen wurde, dann hatten sie ein zutiefst beeindruckendes Bild vor Augen. Damit ist der entscheidende Punkt genannt: Der Missionar bediente sich nicht der abstrakten Rede, sondern der eingängigen Sprache der Bilder, die jeder Zuhörer verstand und auch nicht wieder vergaß. Ähnlich tief musste kurz zuvor Chlodwig beeindruckt gewesen sein: Er flehte um Sieg zum Christengott – und siegte. Die Bilder ähneln sich: Benedikt stürzte die alten Götter (in unseren Tagen sieht man Vergleichbares im Orient) und in der altrömischen Stadt Metz vertrieb der hl. Clemens der Legende zufolge den heidnischen Glauben in Form eines Drachens aus der Stadt. Das hinterließ Eindruck.

Streit der Religionen

Ein kleiner Rückblick, um den Gedanken noch ein wenig zu verdeutlichen. Im alten Ägypten lagen die Gräber westlich des Nils, dort also, wo die Sonne untergeht. So auch in der Nekropole der Stadt Luxor. Das Grab des Wesirs Ramose (Abd el-Qurna Nr. 55) entstand in der Zeit des Umbruchs vom dritten zum vierten Amenophis (ca. 1370/ 1350 v. Chr.). Bekanntlich hat der jüngere Herrscher die alten Götter geschasst und nur den Kult des Sonnengottes Aton gelten lassen. Als man mit dem Grab des Ramose begann, war noch Amun der höchste Gott. Sein Symboltier, die Gans, wurde unter der neuen religiösen Vorherrschaft ausgehackt – aber nur so weit, dass jeder sehen konnte: Der alte Kult ist tot, es lebe der neue! Genau so machten es später die Christen mit den altägyptischen Göttern in Philae, Dendera, Edfu oder wo auch immer.

137 Die alten Götter sollen verschwinden – doch so, dass jedermann den Sieg der neuen Religion sehen kann. Christen verstümmelten das Bild der Isis-Hathor (Philae-Insel, Ägypten), die jetzt aussieht, als hätte sie ein Federkleid an.

138 Inmitten des Tempelkomplexes von Dendera (Ägypten) richteten sich frühe Christen eine beträchtliche Kirche (Bildmitte) ein. Durch die neue Weihe wurden die heidnischen Götter besiegt.

139 Ist das Keltern von Wein ein heidnisches oder christliches Motiv? Die Antwort ist eindeutig: Es trifft beides zu. Hier ein Blick auf einen Porphyr-Sarkophag (4. Jh.) aus dem Mausoleum der Constanzia in Rom (Vatikanische Museen).

Eine Akropolis wird christlich

Heiden wie Christen bevorzugten Höhenlagen für ihre Heiligtümer. Gewöhnlich gut geschützt, ist man dort oben der Gottheit – Götter wohnen in der Vorstellung der Menschen meistens oben – auch schon ein Stück näher. Den obersten Göttern standen die höchsten Heiligtümer zu. War es nun Pech oder Glück für die Christen, dass – als sie kamen – die besten Höhenlagen schon vergeben waren? Die Christen nutzten die Gelegenheit auf ihre Weise, beispielsweise in dem alten Orakel-Heiligtum der Sibylle in Cumae bei Neapel. Der römische Jupiter-Tempel auf der Höhe erwies sich als Glücksfall: ein eingerichteter Bauplatz, intakte Wege, altes Baumaterial zur Hand – so war es leicht, mitten in den Tempel eine Taufkapelle zu bauen. Jedermann wusste: Dort oben ist das bedeutendste Heiligtum. Jetzt triumphierte das Kreuz oben.

Nochmals: Gregor der Große

Er war ein weiser Papst. Bei der Missionierung der Engländer hatte er überlegt, dass die Heiligtümer der Götzen „keineswegs zerstört" werden müssten (s. Kap. 8), wenn die Heiligtümer der Verehrung des wahren Gottes zugeführt würden und das Volk auf diese Weise den wahren Gott erkenne und mit mehr Zutrauen an den Orten zusammen komme, an die es gewöhnt sei. Gregor verbot auch das Schlachten von Opfertieren

140 In Gadara (Umm Qeis) in Jordanien haben Grabungen in jüngster Zeit für etliche Überraschungen gesorgt. Jetzt erkennt man gut die Strukturen einer frühchristlichen Kirche, deren achteckiger Grundriss durch die dunklen Säulen jenseits des Vorplatzes markiert wird. Unmittelbar dahinter erhebt sich das römische Theater.

141 Nahe Trier an der alten römischen Straße nach Luxemburg ragt noch heute das römische Grabmal der Secundinier – besser bekannt als Igeler Säule – hoch auf. Seine hervorragende Erhaltung verdankt das Monument einer Fehleinschätzung: Im Mittelalter nämlich hielt man diesen Bau für das Grab der christlichen Kaiserin Helena, der Mutter Konstantins!

142 Die ganz besondere Art, einen heidnischen Bau in den christlichen Ritus zu übernehmen, ist Erhaltung und Umwidmung. Auf diese Art blieb der schon von Goethe bewunderte Minerva-Tempel im Zentrum von Assisi (Umbrien) mit seiner Fassade wunderschön erhalten.

nicht; man sollte sie aber zum Sättigungsmahl nehmen und dafür Dank sagen. Gregor schließt die Ausführungen mit den Worten:

Denn zweifellos ist es unmöglich, schwerfälligem Verstand alles auf einmal wegzunehmen.
(Beda Venerabilis, Historia I 30)

Es ist eine bewundernswerte Toleranz, die aus diesen Worten spricht! Eine christliche Zeichensprache entstand nur langsam, da viele Elemente aus nichtchristlichen Kulturen stammten. Ist das Keltern von Wein, wie am Sarkophag der Constanzia zu sehen, heidnisch oder christlich? Oder hätte man das christliche Totenmahl streichen sollen, weil doch seine Herkunft aus dem paganen Kult unübersehbar ist? Hätte Bonifaz IV. wenige Jahre nach Gregors Tod die Schenkung des heidnischen Tempels „für alle Götter" – das Pantheon in Rom – ablehnen sollen? Die Christen lebten in ihrem jeweiligen Umfeld; sie pflegten wie die Römer das gemeinsame Bad von Männern und Frauen bis ins dritte Jahrhundert; dieses Verhalten endet erst im folgenden Jahrhundert mit aufkommender Leibfeindlichkeit. Gregor erkannte das und wies klugerweise den Umständen der Zeit einen höheren Platz als irgendwelchen Dogmen zu.

Aus Ruinen erstanden

Ein letztes Beispiel. Die römische Stadt Carsulae lag an der vielleicht bedeutendsten Staatsstraße, die Rom im dritten Jahrhundert v. Chr. bauen ließ. Es ist die *via Flaminia*, die Rom in nördlicher Richtung verließ und bis Rimini führte. Diese *via Flaminia* war im frühen Mittelalter eine der ganz wichtigen Pilgerstraßen, um nach Rom zu gelangen. Zu Carsulae bleiben viele archäologische Fragen offen. Nur eines ist klar: das abrupte Ende dieser Stadt im vierten Jahrhundert n. Chr., vermutlich als Folge einer Naturkatastrophe. Damit erlosch das Leben aber nicht vollständig, denn auf den Überresten eines römischen Gebäudes, unmittelbar neben einigen alten Gräbern, entstand eine Kirche, die dem heiligen Damian gewidmet war. Er war einer der beiden Zwillinge Cosmas und Damian, die als Ärzte ihre Patienten unentgeltlich behandelten. Dadurch bekehrten sie viele Menschen zum Christentum.

Die kleine Kirche von Carsulae entstand vermutlich im sechsten Jahrhundert. Vermutlich erst im elften Jahrhundert gab man dem Bau eine Vorhalle mit zwei Säulen vor dem Zugang. Der ist der unmittelbar westlich vorbeiführenden Straße zugewandt. Der Eingang orientiert sich mithin von Anfang an an dem Verkehrsweg. Der war also intakt und auch benützt, als die Kirche entstand. Die kontinuierliche Nutzung dieses Platzes in der Zeit des frühen Christentums bot sich hier allein schon deswegen

143 Inmitten einer antik-römischen Stadt gründeten Christen auf den Resten heidnischer Bauten eine Kirche: die dem hl. Damian gewidmete Kirche in Carsulae. Der Ort war günstig direkt an der antiken Via Flaminia, einer im frühen Mittelalter hochbedeutenden Pilgerstraße nach Rom, gelegen.

an, weil genügend Baumaterial der ringsum verfallenen Gebäude zur Verfügung stand. Man nützte es.

Auch Karlmann, Onkel Karls des Großen, zog hier entlang, um sich wenig weiter auf dem Monte Soratte in ein Kloster zurückzuziehen. Das war 747, im Jahr seiner Abdankung, sieben Jahre vor dem Tod des Missionars Bonifatius (s. Kap. 8). Auch wenn die Christianisierung Europas im 8. Jahrhundert noch weiter voranschritt, so war der Aufstieg des Christentums zu dieser Zeit bereits abgeschlossen!

144 Wie in vielen anderen Fällen auch scheuten sich die Christen nicht, ihre Gotteshäuser auf antike Stätten zu platzieren. Auch die Kirche S. Silvestro Papa (4. Jh.) auf dem Monte Soratte entstand direkt über einem heidnischen Tempel.

Liste der frühen Päpste

Der offizielle Titel des Papstes ist der des Bischofs von Rom. Erst im Laufe des zweiten Jahrhunderts – nach 140 – oblag die Leitung der römischen Gemeinde einem einzelnen Bischof; vorher kannte man die kollegiale Leitung. Somit sind die Namen der Papstlisten bis etwa zur Mitte des 2. Jahrhunderts hin Legende. – Der Bischof von Rom hatte gegenüber anderen Bischöfen ursprünglich keine Sonderstellung. Ein erster Führungsanspruch Roms scheint im Clemensbrief (noch 1. Jh.; s. Kap. 3) gegeben. Mit Bischof Victor I. (189–199) wird der Ruf nach dem Primat Roms lauter; doch seiner Forderung, der römischen Entscheidung über den Termin des Osterfestes zu folgen, kamen die übrigen Gemeinden nicht nach. Im 3. Jahrhundert beruft sich Stephan I. (254–257) erstmals auf das Felsenwort Jesu an Petrus (Mt 16, 18; s. Kap. 3), um den römischen Autoritätsanspruch zu untermauern. Erst im vierten Jahrhundert scheinen die römischen Bischöfe die Institution des rechtlichen Vorrangs in der Nachfolge Petri zu kennen.

Nebenstehend eine Papstliste bis etwa zum Ende der Christenverfolgungen (nach Denzler). (Gegenpäpste sind eingerückt).

† 64/67 ?	Petrus
67–76	Linus
76–88	Anaclet I.
88–97	Clemens I.
97–105	Evaristus
105–115	Alexander I.
115–125	Sixtus I.
125–136	Telesphorus
136–140	Hyginus
140–155	Pius I.
155–166	Anicet
166–175	Soter
175–189	Eleutherus
189–199	Viktor I.
199–217	Zephyrinus
217–222	Calixtus I.
217–235	Hippolytus
222–230	Urban I.
230–235	Pontianus
235–236	Anteros
236–250	Fabianus
251–253	Cornelius
251	Novatianus
253–254	Lucius I.
254–257	Stephanus I.
257–258	Sixtus II.
259–268	Dionysius
269–274	Felix I.
275–283	Eutychianus
283–296	Cajus
296–304	Marcellinus

Glossar

In das Glossar sind auch einige wichtige Begriffe aufgenommen, die im Buch nicht explizit genannt, insgesamt aber von Bedeutung sind.

Abendmahl
Auch: Nachtmahl, letztes Abendmahl; kultisches Mahl im Gedenken an den Opfertod Christi (s. 1 Kor 11, 23–25 mit den Einsetzungsworten); Begriff eher im evangelischen Sprachgebrauch üblich (vgl. Eucharistie).

Abt
Vorsteher eines selbstständigen Klosters (Abtei).

Akoluth
(Griech. *akolouthos* = Diener) Verbindungsglied zwischen Episkop und Presbyter.

Anachoret
(Griech. *anachorein* = zurückweichen) Eremit, Einsiedler (aus menschlichen Bindungen gelöst); aus Zusammenschlüssen von Anachoreten entstand im Orient allmählich das Mönchtum.

Apokalypse
„Enthüllung, Offenbarung“: Literaturgattung einer Geistesströmung, die sich mit endzeitlichem Geschehen befasst, bes. auf dem Boden des Judentums und des Urchristentums verbreitet; die Apokalypse des Johannes offenbart die göttlichen Geheimnisse der Endzeit.

Apokryphen
„Verborgene“, „geheime“ Schriften außerhalb des üblichen biblischen Kanons.

Aporie
Ausweglosigkeit (philosophisch).

Apotheose
„Vergöttlichung“.

Archimandrit
(*archimandrites*) Oberhaupt der Anachoreten resp. der Koinobiten.

Arianer
Anhänger der Lehre des Arius, Christus sei nicht wesensgleich mit Gott, sondern bloß wesensähnlich; dem widersprach das Glaubensbekenntnis von Nicaea (325).

Arianismus
Lehre des Arius (ca. 260–336), Christus sei Gott nicht wesensgleich, sondern nur wesensähnlich; diese Lehre – vom orthodoxen Christentum verbannt – war über Bischof Wulfila vor allem bei germanischen Stämmen verbreitet.

Askese
Griech: Übung zur Befreiung der Seele vom Körper.

Baptisterium
Taufkirche.

Bema (das)
Erhöhter Raumteil für den Klerus und die Sänger.

Confessio
(Märtyrer)Grab unter demHochaltar, seit dem frühen Mittelalter meist mit einem halbrunden Gang zur Verehrung versehen (Vorform der Krypta).

Deuteronomium
„Zweites Gesetz“: das fünfte Buch Mose.

Diakon
„Läufer“, „Diener“: Helfer des Episkopen bei der Gemeindeverwaltung und der karitativen Fürsorge.

Didache
„Apostellehre“, eine Kirchenordnung des frühen 2. Jahrhunderts.

Episkop
(Griech. *episkopein* = beaufsichtigen) Amtsträger an der Spitze einer Gemeinde (davon: Bischof), Leiter der Gottesdienste, der als einziger neue Mitglieder durch Taufe in die Gemeinde aufnehmen darf.

Eremit
(Griech. *eremia* = Einsamkeit) der einsam, also getrennt von Familie und Gemeinschaft Lebende (ab dem 3. Jh. in Ägypten nachweisbar).

Eucharistie
Ursprünglich ein Sättigungsmahl mit Brotbrechen, Wein und Gebeten (griech. *eucharistia*= Danksagung); heute im katholischen Sprachgebrauch svw. Messe oder Abendmahl.

Evangeliar
Liturgisches Buch mit den vier Evangelien.

Exarch
Zunächst: Vertreter des byzantinischen Kaisers, dem einzelne *duces* (Anführer) unterstehen; dann in der Ostkirche der Vertreter des Patriarchen für ein bestimmtes Gebiet; vgl. Archimandrit.

Exodus
„Auszug“: das zweite Buch Mose.

Exorzist
(Griech. *exorkistes*) Beschwörer, Dämonenaustreiber.

Genesis
„Anfang“: das erste Buch Mose.

Häretiker
Abweichler.

Hausmeier
Der *maior domus* als Träger eines hohen Amtes am fränkischen Hof; Abschaffung dieses Amtes mit der Erhebung Pippins zum König der Franken.

Heidenchristen
Christen, die ursprünglich Heiden – somit keine Juden – waren.

Hetoimasia
Der leere Thron im Himmel.

iroschottisch
Tautologisch für irisch (Scotia: Irland); s. Kap. 8.

Judenchristen
Christen, die als Juden zum Christentum bekehrt wurden (Ggs.: Heidenchristen).

Kanon
Eigentlich: Rohr(stab); Richtschnur, Regel, Glaubensregel (dargestellt durch die sog. kanonischen Schriften).

Karolinger
Fränkisches Adelsgeschlecht, kam mit der Verdrängung der Merowinger 751 an die Spitze der Macht; bedeutsamer Einfluss auf die politische und kirchenpolitische Landschaft Mitteleuropas.

Katechumene
Taufbewerber ohne Berechtigung für die Eucharistie (eigentlich: Person, die in Besitz genommen, beseelt ist).

Klerus
Amtsträger.

Koinobit
(*koinos* und *bios*) gemeinschaftlich lebende Eremiten in einer frühen Stufe des Mönchtums.

Konvent
Versammlung der stimmberechtigten Mitglieder einer klösterlichen Gemeinschaft.

Langobarden
Germanischer Stamm, der im 6. Jh. in Oberitalien einwanderte und dort zum Katholizismus konvertierte; Hauptsitz: Pavia.

Lektor
Leser resp. Sänger liturgischer Texte.

Leviticus
„Levitisches Gesetz“: das dritte Buch Mose.

Lünette
Wandfeld über Tür oder Fenster, halbkreis- oder segmentförmig begrenzt.

Memoria
Gedenkstätte (in der Regel für einen Märtyrer).

Merowinger
Fränkisches Königsgeschlecht; Aufstieg und bedeutendste Macht unter Chlodwig (um 500).

Monotheismus
Glaube an nur einen Gott.

Numeri
„Volkszählungen“: das vierte Buch Mose.

Oktogon
Achteck.

Ostiarier
Türhüter (bei den Räumen der Gemeindefeiern).

pagan
Heidnisch.

Parusie
Wiederkunft Christi.

Physiologus
„Der Naturkundige“, eine um 200 n. Chr. entstandene Sammlung von Tiergeschichten und ihrer Symbolik.

Piscina
Wasserbecken; im Zusammenhang mit der Taufe: Taufbecken.

Presbyter
Älteste (davon abgeleitet: Priester), Leiter von Eucharistiefeiern in Teilgemeinden, Vorbereitung von Katechumenen auf die Taufe usw.

Sarkophag
Steinkiste (meist verziert) zur Aufnahme eines Verstorbenen oder mehrerer Körper.

Stylit
Säulenheiliger.

Subdiakon
Helfer eines Diakons.

Synode
Griech. *synodos* = Zusammenkunft der geistlichen Leiter der Kirche.

Synthronon
Erhöhte Sitzbank für den Klerus beidseits des Bischofsstuhles in der Apsis einer Kirche.

Tympanon
Giebelfeld.

Zölibat
Lebensführung der ehelichen Enthaltsamkeit und der Keuschheit; erste Forderungen zum Zölibat bereits im 4. Jh. ohne Erfolg diskutiert; Justinian legt 530 fest, Priester und Diakone dürften nach ihrer Weihe nicht mehr heiraten; Karl der Große begrenzt die Zahl der Gattinnen der Priester auf eine.

Zömiterium
Friedhof.

Literatur

Die folgende Liste kann nur einen Einblick in die Fülle der Literatur geben. Sie gliedert sich in zwei Teile: der erste beinhaltet vornehmlich theologische Literatur, der zweite hauptsächlich historische und archäologische Titel. Diese Trennung lässt sich nicht immer streng durchhalten. Neben wichtiger grundsätzlicher Literatur werden vor allem solche Arbeiten aufgenommen, die für die Niederschrift dieses Buches eine Rolle spielten.

Die biblischen Zitate richten sich vornehmlich nach der Einheitsübersetzung. Die Titel für weitere Zitate sind unter der theologischen Literatur aufgeführt.

Theologische Literatur

Die Bibel. Einheitsübersetzung der Heiligen Schrift. Gesamtausgabe. Psalmen und Neues Testament. Ökumenischer Text (Stuttgart 1980, 2003[4])

Das Neue Testament, übersetzt und kommentiert von Ulrich WILCKENS (Hamburg 1974[4])

Novum Testamentum Graece, hrsg. von E. NESTLE, 25. Aufl. besorgt von E. Nestle und K. Aland (Stuttgart 1967)

Die Benediktusregel. Regula Benedicti, lateinisch/deutsch, hrsg. im Auftrag der Salzburger Äbtekonferenz (Beuron 1992)

BAUER, Johannes B. und Manfred HUTTER: Lexikon der christlichen Antike (Stuttgart 1999)

BEDA VENERABILIS: Beda der Ehrwürdige: Kirchengeschichte des englischen Volkes. Historia ecclesiastica gentis Anglorum. Übers. v. Günter SPITZBART (Darmstadt 1997[2])

SAN BENEDETTO, La Regola. Testo, versione e commento a cura di Anselmo LENTINI (Montecassino 1994[3])

BERG, Karl: Cäsarius von Arles: Ein Bischof des sechsten Jahrhunderts erschließt das liturgische Leben seiner Zeit (Frühes Christentum, Bd. 1, Thaur 1994)

BERGER, Klaus: Theologiegeschichte des Urchristentums (Tübingen 1994)

BERGER, Klaus: Paulus (München 2002)

BROX, Norbert: Kirchengeschichte des Altertums (Düsseldorf 2002)

CLAUSSEN, Carsten: Versammlung, Gemeinde, Synagoge: Das hellenistisch-jüdische Umfeld der frühchristlichen Gemeinden (Studien z. Umwelt d. Neuen Testaments Bd. 27, Göttingen 2002)

DASSMANN, Ernst: Kirchengeschichte I: Ausbreitung, Leben und Lehre der Kirche in den ersten drei Jahrhunderten (Stuttgart 1991)

DASSMANN, Ernst: Ämter und Dienste in den frühchristlichen Gemeinden (Hereditas Bd. 8, Bonn 1994)

DASSMANN, Ernst: Kirchengeschichte II/1: Konstantinische Wende und spätantike Reichskirche (Stuttgart 1996)

DASSMANN, Ernst: Kirchengeschichte II/2: Theologie und innerkirchliches Leben bis zum Ausgang der Spätantike (Stuttgart 1999)

ERLEMANN, Kurt: Endzeiterwartungen im frühen Christentum (UTB 1937; Tübingen 1996)

FISCHER, Joseph A.: Die apostolischen Väter. Eingeleitet, hrsg., übertragen und erläutert von J. A. FISCHER (Darmstadt 1993[10]; Repr. 2004 als „Schriften des Urchristentums. Erster Teil". Beinhaltet: Klemens-Brief, Ignatius-Briefe, Polykarp-Briefe, Quadratus-Fragment)

GEERLINGS, Wilhelm (Hg.): Theologen der christlichen Antike: Eine Einführung (Darmstadt 2002)

GEHRING, Roger W.: Hausgemeinde und Mission: Die Bedeutung antiker Häuser und Hausgemeinschaften – von Jesus bis Paulus (Bibelwissensch. Monogr. 9, Gießen 2000)

GNILKA, Joachim: Die frühen Christen: Ursprünge und Anfänge der Kirche (Herders theolog. Kommentar zum Neuen Testament, Suppl.-Bd. 7, Freiburg 1999)

GREGOR VON TOURS, Zehn Bücher Geschichten. Historiarum libri decem. Auf Grund der Übersetzung W. GIESEBRECHTS neubearbeitet von Rudolf BUCHNER. Erster Band: Buch 1–5 (Darmstadt 1990[7]). Zweiter Band: Buch 6–10 (Darmstadt 1990[8])

GRÜN, Anselm: Benedikt von Nursia: Seine Botschaft heute (Münsterschwarzacher Kleinschriften Bd. 7, Münsterschwarzach 1979)

GRÜN, Anselm: Taufstätten: Quellen des Lebens. Mit e. kunsthistor. Beitr. v. Johannes EMMINGHAUS (Würzburg 1988)

GUYOT, Peter und Richard KLEIN (Hgg.), Das frühe Christentum bis zum Ende der Verfolgungen: Eine Dokumentation. Bd. 1: Die Christen im heidnischen Staat. Bd. 2: Die Christen in der heidnischen Gesellschaft (Darmstadt 1997; Nachdr. der Ausgaben von 1993 und 1994)

HAWEL, Peter: Das Mönchtum im Abendland: Geschichte, Kultur, Lebensform (Freiburg 1993)

HOLZHERR, Georg: Die Benediktsregel: Eine Anleitung zu christlichem Leben. Der vollständige Text der Regel lateinisch – deutsch (Zürich 1982)

IORIO, Ruggero: Battesimo e Battisteri (Biblioteca patristica Bd. 22, Florenz 1993)

JEDIN, Hubert (Hg.): Handbuch der Kirchengeschichte (1962–1979; aktualisierte Neuauflage 1985)

KLINGHARDT, Matthias: Gemeinschaftsmahl und Mahlgemeinschaft: Soziologie und Liturgie frühchristlicher Mahlfeiern (Texte u. Arbeiten z. neutestamentl. Zeitalter Bd. 13, Tübingen 1996)

KRAFT, Heinrich: Einführung in die Patrologie (Darmstadt 1991)

LIETZMANN, Hans: Geschichte der Alten Kirche (Berlin 1999)

LIMBECK, Meinrad: Mit Paulus Christ sein: Sachbuch zur Person und Theologie des Apostels Paulus (Stuttgart 1989)

MARKSCHIES, Christoph: Ambrosius: Ein wahrer Bischof, in: GEERLINGS (2002; s. dort) 129ff.

MCDONNELL, Kilian: The Baptism of Jesus in the Jordan: The trinitarian and cosmic order of salvation (Collegeville 1996)

PÖRNBACHER, Mechthild: St. Fridolin von Säckingen: Glaubensbote am Hochrhein (Lindenberg 2001)

PROBST, Benedikt: Benedikt von Nursia: Früheste Berichte (St. Ottilien 1979)

Die Religion in Geschichte und Gegenwart (RGG), dritte Auflage, hrsg. v. Kurt GALLING et al., Bände 1–6 (Tübingen 1957–1962; vierte Aufl. noch nicht erschienen)

SCHMIDT, Kurt-Dietrich: Chronologische Tabellen zur Kirchengeschichte (Grundriß der Kirchengeschichte, Ergänzungsband. 3. Aufl., Göttingen 1967)

SCHMITHALS, Walter: Theologiegeschichte des Urchristentums: Eine problemgeschichtliche Darstellung (Stuttgart 1994)

Texte der Kirchenväter: Eine Auswahl, nach Themen geordnet. Zusammengestellt und herausgegeben von Alfons HEILMANN. Bde. 1–2 (München 1963), Bde. 3–4 (München 1964); Bd. 5: Kirchenväterlexikon und Register (München 1966)

THEISSEN, Gerd: Studien zur Soziologie des Urchristentums (Tübingen 1989)

THEISSEN, Gerd und Annette MERZ, Der historische Jesus: Ein Lehrbuch (Göttingen 2001[3])

THEISSEN, Gerd: Die Religion der ersten Christen: Eine Theorie des Urchristentums (Darmstadt 2003)

TSCHUDY, Julius Franz und Frumentius RENNER: Der heilige Benedikt und das benediktinische Moenchtum (St. Ottilien 1979)

WENGST, Klaus: Didache (Apostellehre), Barnabasbrief, Zweiter Klemensbrief, Schrift an Diognet. Eingeleitet, hrsg., übertragen und erläutert von K. WENGST (Darmstadt 1984; Repr. 2004 als „Schriften des Urchristentums. Zweiter Teil")

Archäologische und historische Literatur

Die Alamannen, hrsg. vom Archäolog. Landesmus. Baden-Württemberg (Katalog zur Ausstellung 1997, Stuttgart 1998[3])

BAMM, Peter: Frühe Stätten der Christenheit (München 1955, 1956[7])

BATSELIER, Pieter (Hg.): Benedictus: Symbol abendländischer Kultur (Stuttgart 1998)

BENOIT, Fernand: Sarcophages paléochrétiens d'-Arles et de Marseille: Fouilles et monuments archéologiques en France métropolitaine (Paris 1954)

BERGER, Rupert: Kleines liturgisches Wörterbuch (Freiburg 1969)

BETTINI, Sergio: Frühchristliche Malerei und frühchristlich-römische Tradition bis ins Hochmittelalter (Wien 1942)

BEYER, Jeorjios M.: 11. Dezember 316 n. Chr.: Julian zieht in Konstantinopel ein, in: Antike Welt 34, 2003, 646f.

BIDDLE, Martin et al.: Die Grabeskirche in Jerusalem (Stuttgart 2000)

BIENERT, Wolfgang A. und Guntram KOCH: Kirchengeschichte I – Christliche Archäologie (Stuttgart 1989)

BOGNETTI, Gian Piero: Castelseprio e Altre Glorie Varesine (Mailand 1961, 1964[2])

BÖHME, Horst Wolfgang: Adel und Kirche bei den Alamannen der Merowingerzeit, in: Germania 74, 1996, 477ff.

BORST, Arno (Hg.): Mönchtum, Episkopat und Adel zur Gründungszeit des Klosters Reichenau (Vorträge und Forschungen Bd. 20, Sigmaringen 1974)

BOSHOF, Egon und Hartmut WOLFF: Das Christentum im bairischen Raum: Von den Anfängen bis ins 11. Jahrhundert (Passauer Hist. Forschungen Bd. 8, Köln 1994)

BRAUNFELS, Wolfgang: Abendländische Klosterbaukunst (Köln 1969)

BRENK, Beat: Spätantike und frühes Christentum (Propyläen-Kunstgeschichte, Suppl.-Bd. 1, Frankfurt 1977)

BRENK, Beat: Die Christianisierung der spätrömischen Welt: Stadt, Land, Haus, Kirche und Kloster in frühchristlicher Zeit (Spätantike – Frühes Christentum – Byzanz, Reihe B, Bd. 10, Wiesbaden 2003)

BÜTTNER, Heinrich und Iso MÜLLER, Frühes Christentum im schweizerischen Alpenraum (Einsiedeln 1967)

CHRISTERN-BRIESENICK, Brigitte: Frankreich, Algerien, Tunesien (Repertorium der christlich-antiken Sarkophage, Bd. 3, Mainz 2003)

DASSMANN, Ernst: Die Anfänge der Kirche in Deutschland: Von der Spätantike bis zur frühfränkischen Zeit (UTB Bd. 444, Stuttgart 1993)

DAVIES, Philip R. et al.: Qumran: Die Schriftrollen vom Toten Meer (Stuttgart 2002)

DENZLER, Georg: Das Papsttum (München 1997)

DROSTE, Meike: Arles: Gallula Roma – Das Rom Galliens (Mainz 2003)

EFFENBERGER, Arne: Frühchristliche Kunst und Kultur: Von den Anfängen bis zum 7. Jahrhundert (München 1986)

EIDEN, Hans: Militärbad und frühchristliche Kirche in Boppard am Rhein, in: Ausgrabungen in Deutschland, gefördert von der Deutschen Forschungsgemeinschaft 1950–1975, Teil 2: Römische Kaiserzeit im Freien Germanien, Frühmittelalter I (RGZM Monographien Bd. 1, 2, Mainz 1975) 80ff.

EINHARD, Vita Karoli Magni. Das Leben Karls des Großen. Lateinisch/deutsch. Übersetzung, Anmerkungen u. Nachwort v. Evelyn SCHERABON FIRCHOW (Universal-Bibliothek Nr. 1996, Stuttgart 1981, 1994)

ELLIGER, Winfried: Ephesos – Geschichte einer antiken Stadt (UTB 375, Stuttgart 1985)

ELLIGER, Winfried: Paulus in Griechenland: Philippi, Thessaloniki, Athen, Korinth (Stuttgart 1987)

ENGEMANN, Josef und Christoph B. RÜGER (Hgg.): Spätantike und frühes Mittelalter: Ausgewählte Denkmäler im Rheinischen Landesmuseum Bonn (Köln 1991, Nachdr. 1994)

ENGEMANN, Josef: Deutung und Bedeutung frühchristlicher Bildwerke (Darmstadt 1997)

FERRARI DA PASSANO, Carlo und Anna Maria RODA: I battisteri paleocristiani del Duomo di Milano (Mailand 1997)

FINGERLIN, Gerhard: Neue Funde christlichen Charakters aus dem Reihengräberfeld von Sasbach am Kaiserstuhl, Kreis Emmendingen, in: Archäolog. Ausgrabungen in Baden-Württemberg 1986 (Stuttgart 1987) 190ff.

FINGERLIN, Gerhard: Franken am Kaiserstuhl: Zu einigen Neufunden aus dem frühmittelalterlichen Sasbach, Kreis Emmendingen, in: Archäol. Nachr. aus Baden 44, 1990, 7ff.

FINK, Josef und Beatrix ASAMER, Die römischen Katakomben (Mainz 1997)

FÖRSTER, Hans: Die Anfänge des Weihnachtsfestes, in: Antike Welt 34, 2003, 668ff.

FRANK, Karl Suso: Frühes Mönchtum im Abendland. Erster Band: Lebensformen. Zweiter Band: Lebensgeschichten (Zürich – München 1975)

FRANK, Karl Suso: Geschichte des christlichen Mönchtums (Darmstadt 1993[5])

FUHRMANN, Horst: Die Päpste: Von Petrus zu Johannes Paul II. (München 1998)

Gallien in der Spätantike: Von Kaiser Constantin zu Frankenkönig Childerich (Ausstellungskatalog des Römisch-Germanischen Zentralmuseums Mainz, Mainz 1980)

GEARY, Patrick J.: Die Merowinger: Europa vor Karl dem Großen (München 1996, ca. 2003[2])

GERKE, Friedrich: Das Christusmosaik in der Laurentius-Kapelle der Galla Placidia in Ravenna (Werkmonographien zur Bildenden Kunst Nr. 104, Stuttgart 1965)

GEUENICH, Dieter: Siegreich mit dem wahren Christengott: Schlacht bei Zülpich, in: Archäol. in Deutschland H. 2, 1997, 18ff.

GLASER, Franz: Frühes Christentum im Alpenraum: Eine archäologische Entdeckungsreise (Darmstadt 1997)

GLEBA, Gudrun: Klöster und Orden im Mittelalter (Darmstadt 2002)

GLEBA, Gudrun: Klosterleben im Mittelalter (Darmstadt 2004)

GOTTLIEB, Gunther: Christentum und Kirche in den ersten drei Jahrhunderten (Heidelberg 1991)

GREWE, Klaus: Wasserversorgung und -entsorgung im Mittelalter: Ein technikgeschichtlicher Überblick, in: Die Wasserversorgung im Mittelalter (Geschichte der Wasserversorgung, hrsg. von der Frontinus-Gesellschaft, Bd. 4, Mainz 1991) 9ff.

HANNESTAD, Niels: Das Ende der antike Idealstatue: Heidnische Skulptur in christlichen Häusern?, in: Antike Welt 33, 2002, 635ff.

HARTMANN, Martina: Aufbruch ins Mittelalter: Die Zeit der Merowinger (Darmstadt 2003)

HENZE, Anton: Rom und Latium: Kunstdenkmäler und Museen (Reclams Kunstführer Italien, Bd. 5, Stuttgart 1981)

HIERNARD, Jean et al.: Le baptistère Saint-Jean de Poitiers (Poitiers 2004)

HOEDL, Franz Xaver und Michael SCHMIDT: Eichstätt: Kapuzinerkirche zum Hl. Kreuz und zum Hl. Grab Christi (Kleine Kunstführer 620, Regensburg 2000[4])

HUBERT, Jean – Jean PORCHER – W. Fritz VOLBACH: Frühzeit des Mittelalters: Von der Völkerwanderung bis an die Schwelle der Karolingerzeit (München 1968)

IORIO, Ruggero: Erste Christen an der Via Flaminia, in: Archäol. in Deutschland H. 4, 1998, 56ff.

JACOBUS DE VORAGINE: Die Legenda aurea des Jacobus de Voragine. Aus dem Lateinischen übersetzt von Richard BENZ (Heidelberg 1955, 12. Aufl. Gerlingen 1997)

JORDAN, Wilhelm: Das Apostelgrab, der sakrale Grundstein der Vatikanischen Basilika (Schriftenreihe d. Rhein. Landesmus. Trier Nr. 4, Trier 1990)

KIRSCHBAUM, Engelbert: Die Gräber der Apostelfürsten: St. Peter und St. Paul in Rom (Frankfurt 1974[3])

KLEIN, Richard (Hg.): Das frühe Christentum im römischen Staat (Wege der Forschung Bd. 267, Darmstadt 1971)

Das Kloster des Heiligen Benedikts, Subiaco. Das Kloster der Hl. Scholastika. Geschichtlich-künstlerischer Führer, hrsg. von den Benediktinervätern von Subiaco (Subiaco 2001)

Kobern-Gondorf, Ortsgemeinde (Hg.), Kobern-Gondorf: Von der Vergangenheit zur Gegenwart (Kobern-Gondorf 1980)

KOLLWITZ, Johannes und Helga HERDEJÜRGEN, Die ravennatischen Sarkophage (Die antiken Sarkophagreliefs Bd. 8,2, Berlin 1979)

KÖNIG, Margarethe (Hg.): Palatia: Kaiserpaläste in Konstantinopel, Ravenna und Trier (Schriftenreihe d. Rhein. Landesmus. Trier Nr. 27, Trier 2003)

KÖTZSCHE, Lieselotte: Das herrscherliche Christusbild, in: C. COLPE – L. HONNEFELDER – M. LUTZ-BACHMANN (Hgg.): Spätantike und Christentum: Beiträge zur Religions- und Geistesgeschichte der griechisch-römischen Kultur und Zivilisation der Kaiserzeit (Berlin 1992) 99ff.

KUTZLI, Rudolf: Langobardische Kunst: Die Sprache der Flechtbänder (Stuttgart 1986[3])

LANCZKOWSKI, Johanna: Kleines Lexikon des Mönchtums (Universal-Bibliothek 8867, Stuttgart 1993)

Lexikon des Mittelalters, hrsg. v. G. AVELLA-WIDHALM, N. ANGERMANN et al., Bände 1–9 (München 1980–1998)

LORENZ, Sönke und Barbara SCHOLKMANN (Hgg.): Die Alemannen und das Christentum: Zeugnisse eines kulturellen Umbruchs (Schriften zur südwestdeutschen Landeskunde 48, 2, Leinfelden 2003)

MAIER, Jean-Louis: Le Baptistère de Naples et ses Mosaiques: Études historique et iconographique (Paradosis 19, Fribourg 1964)

MANCINELLI, Fabrizio: Katakomben und Basiliken: Die ersten Christen in Rom (Florenz 1981)

MISTRAL, Frédéric: Seele der Provence: Mireille, Erinnerungen. Mit Beiträgen von André CHAMSON, Marcel POBÉ, Karl RINDERKNECHT (Bern 1959)

NOETHLICHS, Karl Leo: Der Jude Paulus – ein Tarser oder Römer?, in: R. VON HAELING: Rom und das himmlische Jerusalem: Die frühen Christen zwischen Anpassung und Ablehnung (Darmstadt 2000) 53ff.

PADBERG, Lutz E. von: Bonifatius: Missionar und Reformer (München 2003)

PIEPENBRINK, Karen: Konstantin der Große und seine Zeit (Darmstadt 2002)

PIETRI, Luce (Hg.): Die Zeit des Anfangs (bis 250) (Die Geschichte des Christentums: Politik, Religion, Kultur, Bd. 1, Freiburg 2003)

PIETRI, Charles und Luce (Hgg.): Das Entstehen der einen Christenheit (250–430) (Die Geschichte des Christentums: Religion, Politik, Kultur, Bd. 2, Freiburg 1996)

PLINIUS der Jüngere, Briefe in einem Band. Aus dem Lateinischen übersetzt von Werner KRENKEN (Berlin u. Weimar 1984)

PRIESTER, Karin: Geschichte der Langobarden: Gesellschaft – Kultur – Alltagsleben (Stuttgart 2004)

PRINZ, Friedrich: Frühes Mönchtum im Frankenreich: Kultur und Gesellschaft in Gallien, den Rheinlanden und Bayern am Beispiel der monastischen Entwicklung (4. bis 8. Jahrhundert) (München – Wien 1965)

PRINZ, Friedrich: Von Konstantin zu Karl dem Großen: Entfaltung und Wandel Europas (Düsseldorf 2000)

PRINZ, Friedrich: Deutschlands Frühgeschichte: Kelten, Römer und Germanen (Stuttgart 2003)

RISTOW, Sebastian: Frühchristliche Baptisterien (Jahrb. f. Antike u. Christentum, Ergänzungsband 27, Münster 1998)

ROTH, Helmut: Kunst und Handwerk im frühen Mittelalter: Archäologische Zeugnisse von Childerich I. bis zu Karl dem Großen (Stuttgart 1986)

SACHS, Hannelore, Ernst BADSTÜBNER und Helga NEUMANN: Erklärendes Wörterbuch zur christlichen Kunst (Hanau 1983)

SCHÄFKE, Werner: Die Normandie: Vom Seine-Tal zum Mont-Saint-Michel (Köln 1981)

SCHULZE, Hans K.: Vom Reich der Franken zum Land der Deuschen: Merowinger und Karolinger (Das Reich und die Deutschen; Bd. 9, Berlin 1987)

SCHWAIGER, Georg und Manfred HEIM: Orden und Klöster: Das christliche Mönchtum in der Geschichte (München 2002)

SCHWAIGER, Georg: Mönchtum, Orden, Klöster: Von den Anfängen bis zur Gegenwart (München 2003)

SEEL, Otto: Der Physiologus: Tiere und ihre Symbolik (Düsseldorf 1961, 2003)

STORK, Ingo: Ein bedeutender Friedhof der Merowingerzeit bei Lauchheim, Ostalbkreis, in: Archäolog. Ausgrabungen in Baden-Württemberg 1986 (Stuttgart 1987) 195ff.

Suevia Sacra: Frühe Kunst in Schwaben (Ausstellungskatalog; Augsburg 1973)

TODD, Malcolm: Die Zeit der Völkerwanderung (Stuttgart 2002)

Trier: Kaiserresidenz und Bischofssitz: Die Stadt in spätantiker und frühchristlicher Zeit (Ausstellungskatalog des Rheinischen Landesmuseums Trier, Mainz 1984)

UNTERMANN, Matthias: Der Zentralbau im Mittelalter: Form – Funktion – Verbreitung (Darmstadt 1989)

VERZONE, Paolo: Werdendes Abendland (Baden-Baden 1980[2])

WALSH, Michael: Christen und Caesaren: Die Geschichte des frühen Christentums (Würzburg 1988)

WARNECKE, Heinz: Paulus im Sturm: Über den Schiffbruch der Exegese und die Rettung des Apostels auf Kephallenia (Nürnberg 2000)

WEBER, Leo J.: Die Ausgrabungen von St. Ulrich und Afra in Augsburg, in: Ausgrabungen in Deutschland, gefördert von der Deutschen Forschungsgemeinschaft 1950–1975, Teil 2: Römische Kaiserzeit im Freien Germanien, Frühmittelalter I (RGZM Monographien Bd. 1,2, Mainz 1975) 113ff.

WEIDEMANN, Konrad: Forschungen zur Eingliederung Süddeutschlands in das Frankenreich, in: Ausgrabungen in Deutschland, gefördert von der Deutschen Forschungsgemeinschaft 1950–1975, Teil 2: Römische Kaiserzeit im Freien Germanien, Frühmittelalter I (RGZM Monographien Bd. 1,2, Mainz 1975) 201ff.

WISSKIRCHEN, Rotraut: Die Mosaiken der Kirche Santa Prassede in Rom (Mainz 1992)

WOLFRAM, Herwig: Die Goten und ihre Geschichte (München 2001)

WOLFRAM, Herwig: Die Germanen (München 1995, 2002[7])

WUCHER, Albert: Die Päpste: Ihre Geschichte von den Anfängen bis zur Gegenwart (Herder Spektrum Bd. 5050, Freiburg 2000)

Bildnachweis

picture-alliance/dpa-bildarchiv: 94
Siegmar Hinz, Erftstadt: 9, 10, 11, 23, 31, 35, 36, 37, 38, 72, 114, 126.
Württembergisches Landesmuseum, Stuttgart: 118.

Alle übrigen Aufnahmen stammen vom Autor oder aus seinem Archiv.

Die Schriften der Bibel

Die Darstellung richtet sich nach der im Literaturverzeichnis genannten Einheitsübersetzung. – Die antiken Namen der ersten fünf Bücher des Alten Testamentes sind im Glossar erläutert. Diese fünf Bücher wurden im Judentum wegen der darin enthaltenen Weisungen und Gesetze zusammenfassend als Tora (Thora) bezeichnet. Bedingt durch die Aufgliederung in fünf ungefähr gleiche Teile, deren jeder auf eine Buchrolle passte, hat man diese ersten fünf Bücher auch den Pentateuch genannt. – Zur Frage der Authentizität der paulinischen Briefe vgl. oben Seite 19!

Das Alte Testament		Das Neue Testament	
Gen	Das Buch Genesis (1. Mose)	Mt	Das Evangelium nach Matthäus
Ex	Das Buch Exodus (2. Mose)	Mk	Das Evangelium nach Markus
Lev	Das Buch Leviticus (3. Mose)	Lk	Das Evangelium nach Lukas
Num	Das Buch Numeri (4. Mose)	Joh	Das Evangelium nach Johannes
Dtn	Das Buch Deuteronomium (5. Mose)	Apg	Die Apostelgeschichte
Jos	Das Buch Josua	Röm	Der Brief an die Römer
Ri	Das Buch der Richter	1 Kor	Der erste Brief an die Korinther
Rut	Das Buch Rut	2 Kor	Der zweite Brief an die Korinther
1 Sam	Das erste Buch Samuel	Gal	Der Brief an die Galater
2 Sam	Das zweite Buch Samuel	Eph	Der Brief an die Epheser
1 Kön	Das erste Buch der Könige	Phil	Der Brief an die Philipper
2 Kön	Das zweite Buch der Könige	Kol	Der Brief an die Kolosser
1 Chr	Das erste Buch der Chronik	1 Thess	Der erste Brief an die Thessalonicher
2 Chr	Das zweite Buch der Chronik	2 Thess	Der zweite Brief an die Thessalonicher
Esra	Das Buch Esra	1 Tim	Der erste Brief an Timotheus
Neh	Das Buch Nehemia	2 Tim	Der zweite Brief an Timotheus
Tob	Das Buch Tobit	Tit	Der Brief an Titus
Jdt	Das Buch Judit	Phlm	Der Brief an Philemon
Est	Das Buch Ester	Hebr	Der Brief an die Hebräer
1 Makk	Das erste Buch der Makkabäer	Jak	Der Brief des Jakobus
2 Makk	Das zweite Buch der Makkabäer	1 Petr	Der erste Brief des Petrus
Ijob	Das Buch Ijob (Hiob)	2 Petr	Der zweite Brief des Petrus
Ps	Die Psalmen	1 Joh	Der erste Brief des Johannes
Spr	Das Buch der Sprichwörter	2 Joh	Der zweite Brief des Johannes
Koh	Das Buch Kohelet	3 Joh	Der dritte Brief des Johannes
Hld	Das Hohelied	Jud	Der Brief des Judas
Weish	Das Buch der Weisheit	Apk	Die Offenbarung des Johannes (Offb), auch: die Apokalypse
Sir	Das Buch Jesus Sirach		
Jes	Das Buch Jesaja		
Jer	Das Buch Jeremia		
Klgl	Die Klagelieder		
Bar	Das Buch Baruch		
Ez	Das Buch Ezechiel (Hesekiel)		
Dan	Das Buch Daniel		
Hos	Das Buch Hosea		
Joël	Das Buch Joël		
Am	Das Buch Amos		
Obd	Das Buch Obadja		
Jona	Das Buch Jona		
Mich	Das Buch Micha		
Nah	Das Buch Nahum		
Hab	Das Buch Habakuk		
Zef	Das Buch Zefanja		
Hag	Das Buch Haggai		
Sach	Das Buch Sachara		
Mal	Das Buch Maleachi		

Register

Register wichtiger Bibelstellen

Kursive Zahlen verweisen auf Abbildungsnummern.

Register wichtiger außerbiblischer Autoren und Texte

Wegen der verhältnismäßig geringen Anzahl der Nennungen wird hier nicht nach einzelnen Schriften eines jeweiligen Autors getrennt.

Namenregister (in Auswahl)

Nicht aufgeführt sind: Stammesnamen (z.B. Merowinger), geografische Namen, Namen von Kirchen (z. B. Marienkirche) oder Namen, die das ganze Buch durchziehen (z. B. Jesus). Abbildungen sind hier nicht berücksichtigt.

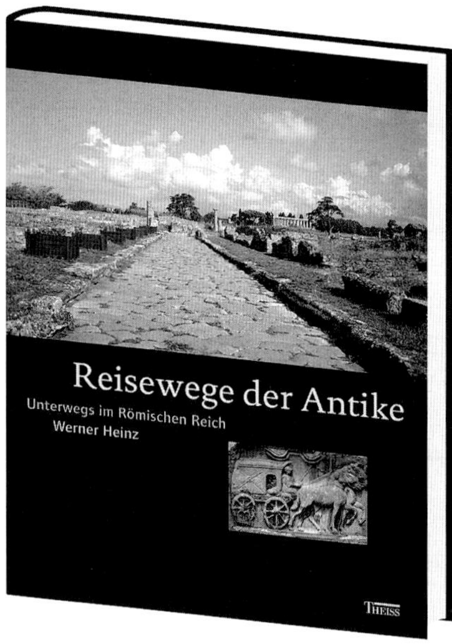

Medizin in der Antike

Aus einer Welt ohne Narkose und Aspirin

Nicht erst seit Hippokrates, sondern von der Zeit der Frühen Hochkulturen bis zur Römerzeit machten Ärzte und Heilkundige im Altertum durch Aufsehen erregende Leistungen Furore. Ernst Künzl berichtet von diesen Fortschritten und kommt dabei zu überraschenden Ergebnissen. Und er weist auch nach, woher wir unsere Kenntnisse über die Medizin der Antike haben.
So erläutert er am Beispiel von Pompeji und den dort nachweisbaren 25 Arzthäusern und Instrumentenfunden die üppige medizinische Versorgung einer römischen Stadt.

Von Ernst Künzl. 120 Seiten mit 160 farbigen Abbildungen.

Reisewege der Antike

Unterwegs im Römischen Reich

Das Fernstraßennetz des Römischen Reiches umfasste etwa 85 000 Kilometer. Eine einzigartige Meisterleistung römischer Ingenieurskunst bewirkte, dass jeder Winkel des Imperiums in Mitteleuropa mit Rom verbunden blieb.
Der Autor lässt die Leser am Leben auf den römischen Straßen teilhaben, indem er sie mit dem römischen Bürger Gaius auf eine Reise über den Brenner nach Augsburg schickt. Wie die Römer für die Sicherheit auf den Straßen sorgten ist genauso Thema des Bandes wie die Herbergen der Reisenden entlang der Routen.

Von Werner Heinz. 128 Seiten mit 134 meist farbigen Abbildungen.

Himmelsgloben und Sternkarten

Astronomie und Astrologie in Vorzeit und Altertum

Nicht erst seit Stonehenge befragt der Mensch die Gestirne und deutet den Lauf von Sonne, Mond und Sternen. Für die Menschen der Vorzeit war die Astronomie zur Bestimmung von Aussaat und Ernte von existenzieller Bedeutung. Als älteste Naturwissenschaft der Erde geht sie bis in die Steinzeit zurück.
Ernst Künzl beschreibt die Entwicklung der Astronomie und Astrologie von der Vorgeschichte bis ins Mittelalter und erläutert, wie sich der Blick der Menschen auf Himmel und Gestirne änderte.

Von Ernst Künzl. 128 Seiten mit 130 farbigen Abbildungen und Karten.

THEISS